Z세대를 위한
디지털 리터러시 교육

Z세대를 위한 디지털 리터러시 교육

초판 1쇄 발행 2020년 12월 5일 **초판 5쇄 발행** 2023년 5월 20일
글쓴이 이재포 외 **펴낸이** 현병호 **편집** 장희숙 **펴낸곳** 도서출판 민들레
출판등록 1998년 8월 28일 제10-1632호 **주소** 서울시 성북구 동소문로 47-15
전화 02) 322-1603 **이메일** mindlebook@gmail.com **홈페이지** www.mindle.org
ISBN 978-89-88613-94-8 (03370)

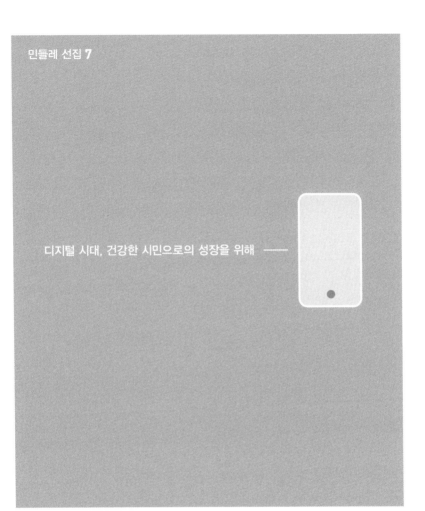

민들레 선집 **7**

디지털 시대, 건강한 시민으로의 성장을 위해 ——

편집실 엮음

Z세대를 위한
디지털 리터러시 교육

아날로그 세대가 디지털 원주민을 교육해야 하는 난감한 시대에
성숙한 시민으로 함께 성장해갈 수 있는 길을 모색한다.

민들레

무지의 세계를 지나 미지의 세계로

디지털digital은 사람의 손가락이나 동물의 발가락을 뜻하는 디지트digit에서 유래된 말입니다. 손가락을 하나씩 접거나 펴면 숫자를 딱 떨어지게 셀 수 있지요. 0과 1사이의 어중간한 값을 취하지 않고 한 자리씩 끊어서 표현하기 때문에 애매모호함이 없는 것이 디지털의 특징입니다. 딱 떨어지는 숫자로 빚어진 문명이지만, 그로 비롯된 삶의 모습까지 딱 떨어지지는 않는 모양입니다. 디지털 기술이 열어젖힌 세상 속에서 사람들은 새롭고도 복잡한 경험을 하며 살아갑니다.

인류는 스스로 만든 도구와 관계를 맺으면서 새로운 방향으로 진화합니다. 인터넷 문화가 급속히 확산되고 누구나 한 손에 들고서 언제 어디서든 접속할 수 있는 스마트폰까지 등장하면서 변화의 흐름이 한층 거세졌습니다. 말문도 안 트인 아기가 스마트폰 화면을 터치하며 원하는 콘텐츠를 찾고 광고까지 스킵합니다. 이른바 '디지털 원주민'이라 불리는 신인류의 탄생입니다. 우리 삶 속에 함께하는 디지털 기기는 이제 단순한 놀잇감이 아니라 세상을 바라보고, 정보를 취하고, 생각을 키우고, 타인과 소통하는 주요 도구가 되었습니다.

한편 디지털 문명은 우리에게 여러 가지 숙제도 던져주었습니다. 중독과 정보 격차, 프라이버시 침해, 온라인상의 혐오나 따돌림 현상, 가짜뉴스의 범람, 치우친 눈으로 세상을 보게 되는 필터버블 현상 등은 디지털 시대에 새로운 '시민성'이 필요하다는 것을 보여줍니다. 기술 교육을 넘어 '리터러시' 교육이 필요한 까닭입니다.

최근 미국의 한 디지털 연구자가 "미디어 리터러시 교육 없이 아이들을 온라인에 노출하는 것은 범죄 행위"라는 발언으로 이목을 끌었는데요. 코로나 팬데믹으로 온라인 수업이 보편화되고 아이들이 디지털 기기를 가까이 하는 시간이 늘면서 '디지털 문명과 제대로 관계 맺기'는 더욱 시급한 과제가 되었습니다. 아이들에게 언제 스마트폰을 쥐어줄 것인가 하는 문제를 넘어서 더 근원적인 고민을 해야 할 때입니다.

디지털 원주민들은 공기처럼 당연한 듯 받아들이는 디지털 세상에서 이 새로운 질서를 배우고 익혀야 할 사람들은 아날로그 세계에서 디지털 세계로 건너온 이주민들이 아닐까요. 이 책에는 그 고민을 앞서 한 이들의 조언이 담겨 있습니다. 그동안 격월간 『민들레』에 실렸던 미디어 교육, 디지털 리터러시에 관한 이야기를 한데 모았습니다. 뒤처질까봐 불안해하며 다급하게 쫓아가기보다 호기심을 가지고 무지의 세계를 지나 미지의 세계로 탐험을 떠나는 데 조금이나마 도움이 되었으면 좋겠습니다.

2020년 11월

장희숙(『민들레』편집장)

차 례

2

시민성을 기르는
디지털 리터러시
교육

1부
디지털 원주민의 탄생

Z세대는 어떻게 소통할까

24시간 접속하는 일상

나는 거의 모든 여가 시간을 온라인 안에서 보낸다. 대부분이 정말 사소하고 의미 없는 말들이지만 '타닥타닥' 자판을 누르는 내 손가락은 밤늦게까지 멈출 줄을 모른다.

나의 일과는 SNS로 시작해 SNS로 끝난다. 학교에 가는 날은 아침 6시쯤 일어나는데, 눈을 뜨자마자 휴대전화를 켜서 밀린 문자를 확인한다. 많은 사람이 잠들어 있을 이른 시각이지만 페이

박세연 _ 초등학생 때 스마트폰을 갖고부터 SNS 활동을 해왔다. 친구들과 수나 떠는 깃을 제일 좋아하는 열여덟 살이다. 하자센터에서 십대연구소 2기로 활동하기도 했다.

스북에 접속하면 '현재 활동 중'을 의미하는 초록 불빛 몇십 개가 나를 반긴다. 아마도 그 불빛 중 절반은 일찍 일어난 사람이고, 반은 아직 잠들지 않은 사람일 테다. 개중에는 잠들기 직전까지 전화기를 들고 있다가 미처 화면을 끄지도 못한 채 곯아떨어진 사람도 있을 것이다. 친구들과 나는 이 시간이 아침형 인간과 올빼미형 인간이 하이파이브(또는 바통터치)하는 시간이라고 말한다. 자려고 누운 아이들이 접속을 끊으면 이제 막 일어난 아이들이 이어달리기를 하듯 '휘익' 휴대전화를 켜기 때문이다. 코로나19 때문에 듬성듬성 등교하다 보니 낮과 밤이 바뀌어버린 아이들이 많아서 24시간 내내 끊임없이 메시지 알림이 울려댄다.

온라인으로 수다를 떤다고 해서 온종일 자판만 두드리고 있는 건 아니다. 누군가 불시에 SNS 메신저의 그룹 영상통화를 시작하면 우리는 일제히 참여해 카메라로 서로의 얼굴을 확인한다. 중간에 누군가 채팅방을 나가거나 전화를 끊으면 그 단체 채팅방에 있던 다른 아이가 통화에 참여한다. 그렇게 한 명 한 명 사람이 바뀌다 보면 개인적으로 이야기 한 번 나눠보지 않은, 이름을 안 지 하루밖에 되지 않는 아이들끼리 남기도 한다. 어색할 만도 하지만 의외로 십년지기 친구만큼이나 말이 잘 통한다. 같은 또래이기도 하고 공통된 관심사가 많아서인 것 같다. 대화의 주제는 마르지 않고, 때로는 도란도란 영상통화를 이어가다 밤을 지새우기도 한다.

내 페이스북 친구는 3,200명 남짓이다. 거기에 페이스북 친구가 아닌 사람들이 작성한 글까지 합치면 이곳에서 마주치는 사람들은 4천여 명이 훌쩍 넘을 것이다. 각양각색의 사람들로 가득 채워진 피드(스크롤해서 볼 수 있는 콘텐츠)엔 참 다양한 글들이 있다. 그렇지만 압도적으로 가장 많이 올라오는 사진은 '셀카'다. 다들 자신이 원하는 얼굴로 사진을 보정하고 꾸민다. 눈을 키우고 얼굴을 갸름하게 깎아놓은 사진을 보며 사기라고 비아냥거리는 애들에게 셀카로 얼굴을 재창조해낸 아이들이 자주 하는 말이 있다. "오렌지가 3퍼센트만 들어가도 오렌지주스야!"

SNS와 소비문화

인스타그램을 자주 하는 사람들은 게시물을 한눈에 볼 수 있는 페이지, 자신의 피드를 분위기 있게 꾸미는 일에 열중하는 편이다. 페이스북은 슥슥 내리면서 글을 먼저 볼 수 있는 형태인데, 인스타그램은 사진이 먼저 보이기 때문이다. 나와 '맞팔'을 한 다른 친구들을 보면 대부분이 예쁜 장소, 특히 카페에서 찍은 사진을 올린다. 가끔은 하루에 서너 군데 카페에서 찍은 사진이 올라올 때도 있는데, 이 사람들은 밥도 안 먹고 비싼 커피만 먹는가 하는 생각이 들 정두다.

피드에는 셀카만 올리고, 메이크업, 그림 등 특정 주제의 글을 집중적으로 업로드할 때는 '스토리' 기능을 활용해 다른 사진을 올리는 편이다. 스토리는 피드처럼 분위기를 맞출 필요도 없고 하루가 지나면 자동으로 사라지는 특성이 있어서 그날그날 내가 어디에 갔는지, 뭘 먹었는지, 누구랑 놀았는지, 뭘 샀는지 시시콜콜한 것들을 올리기에 좋다. 나도 화장품 하나를 사더라도 무조건 스토리에 자랑한다. 무엇을 사거나 어딘가를 놀러 가기 전에도 SNS에 공유할 만한 가치가 있는지부터 따진다. 무언가가 사고 싶어지면 인터넷 검색창을 켜는 대신 SNS를 검색한다. SNS로 인해 내 소비생활마저 변하고 있다는 생각이 든다.

SNS를 이용하는 사람이 많아지면서 팔로워는 곧 영향력을 상징하는 지표가 되었다. 수많은 회사가 그 '영향력 있는' 사람들을 마케팅 수단으로 활용하고 있다. 바로 협찬이다. SNS에서 만난 사람 중에 5천 명 가까운 팔로워를 두고도 그 수에 유난히 집착하는 친구가 있다. 그 친구한테 팔로워가 많으면 뭐가 좋은지 물어보니 "협찬이 많이 들어와"라고 한다. 의류나 화장품 회사들은 팔로워가 많은 사람에게 협찬 제품을 착용하거나 사용한 사진을 올려 광고를 해달라고 부탁한다. 팔로워 수는 이제 자기만족이나 감정표현에 그치지 않고 수익 창출과도 연결된다.

사실 이 '협찬'들이 너무 많아져서 SNS에 왜곡된 정보들도 점점 늘어나고 있다. 요즘 내가 블로그를 하지 않는 가장 큰 이유가 블로그에 올라오는 거의 모든 게시물이 광고나 홍보성 글이기 때문인데, 인스타그램 같은 SNS도 점점 비슷해지는 느낌이다. 나도 나름대로 광고에 휩쓸리지 않고 합리적인 소비를 해야 한다고 생각하면서도 싼 가격에 공동구매를 하거나 자꾸 피드에 보이는 제품을 번뜩 구매해버리기도 한다.

특별한 숫자, '좋아요'와 '팔로워'

지금은 덜하지만, 어릴 때부터 그다지 외향적이지 못했던 나는 세상에서 소외되는 것이 제일 싫었다. 친구가 별로 없었고 어떤 이유 때문인지 몰라도 날 좋아하는 친구들보다 날 좋아하지 않는 친구들이 더 많았던 것 같다. 중학교를 거쳐 고등학교에 올라오며 나는 더더욱 친구 관계에 열중하기 시작했고, 학교에서나 반에서나 '인싸' 무리에 끼기 위해 노력했다. 오버하고 유난을 떨고 '관종' 짓을 한다며 더 싫어하는 아이들도 있었지만, 솔직히 관심받는 것이 싫은 사람은 없을 것이다. SNS도 마찬가지였다. SNS에서 인기를 증명할 수 있는 '좋아요' '팔로워' 수는 곧 나의 가치를 알아주는 사람의 수라고 생각했다. 누군가 '좋아요'와 '팔로우' 하나를 누를 때마다 내 가치와 자존감도 한 단계 올라가는 기분이었다.

팔로워가 많은 친구에게 사람들을 어떻게 모았냐고 물었더니 해시태그 족보가 있단다. 사람들이 많이 유입되는 해시태그를

30개 꼭꼭 채워 달아두면 '좋아요'가 많이 달리고 팔로워도 늘어난다고 했다. 어떤 친구는 팔로워 수를 사기도 했다. 300명에 몇천 원, 만 원 이렇게 해서 판단다. 게시글 '좋아요' 수도 몇백 개 단위로 사고판다고 한다. 직접 노력하여 많은 팔로워를 얻은 아이들은 '좋아요'와 '팔로워'를 돈으로 사는 사람들을 비판하고 비난한다. 그러나 난 별로 화가 나지 않았다. SNS 밖에서도 돈으로 관계를 사는 일은 항상 있기 때문이다. 나는 이 현상이 '떡볶이 사줄 테니까 우리 친구 할래?' 같은 개념이라고 생각하는데, 어찌되었건 썩 좋은 일이 아닌 것은 분명하다. 그렇게 '가짜 인기'를 얻으면 무슨 기분일지 궁금하긴 하다.

요즘엔 신기하게도 역설적인 현상이 일어난다. 팔로워가 많은 사람이 팔로워 수가 적은 비공개 계정을 별도로 만드는 것이다. 팔로워가 많아진다는 것은 인기가 많아지는 것이기도 하지만 그만큼 내 사생활이 더 많은 사람에게 공유된다는 뜻이기도 하다. 그 사실에 부담을 느끼는 순간 점점 가식적인 SNS를 하게 된다. 행복하지 않아도 행복해 보이는 사진을 올리고 그다지 좋지 않았던 제품을 과하게 칭찬하는 글을 쓰는 것처럼 말이다.

나도 요즘 들어 SNS에 또 다른 나를 만들어내는 느낌을 받게 되었다. '진짜 나'와 '온라인상의 나' '다른 사람들에게 보여지는 나' 사이에서 괴리감을 느끼기 시작했다. 그래서 '진짜 나'의 마음을 진솔하게 털어놓을 수 있는 계정을 만들었다. 여기에서는 아무도 '좋아요'를 누르지 않아도 불안하지 않고, 아무 댓글이 없어도 외롭지 않다. 불특정 다수가 아닌 내 주위에서 정말 날 아껴주는 사람들하고만 일상을 공유하며 소박한 SNS 생활을 할 수 있다는 게 좋다.

나를 비롯한 많은 사람들이 유명해지고 싶은 동시에 자신을 감추고 싶어 하는 것은 어쩌면 '그 인기가 다 소용없다'는 걸 알고 있기 때문일지도 모른다. 그 이유는 '공허함'이다. 나는 온라인 친구가 많아질수록 더 외로워졌다. 온라인상에서는 나를 위해 뭐든 해줄 것처럼 굴던 사람들이 현실에선 아무 도움이 되지 않았기 때문이다. 문득 'SNS에서 빛나는 모습만 보고 내 주위에 몰려든 사람들이 내가 더는 빛나지 않을 때 곁에 남아줄까?'라는 의문이 들었고, 난 '그렇다'고 대답할 수 없었다. 그럼에도 그 가짜 인기는 때로 너무 달콤하기에, 인기를 얻은 계정을 포기하지 못하고 선택한 방법이 계정을 두 개 만드는 것 아닐까.

댓글로 소통하는 세대

댓글은 청소년들이 SNS에 오랜 시간 머무는 이유 중 하나일 것이다. 게시글에 단 댓글에 답글을 달고 또 달면서, 게시글에 대한 여러 사람의 생각을 알 수 있다. 그래서인지 어떤 사람들은 댓글을 '여론'이라고 표현하기도 한다. '물타기'라는 표현도 있다.

댓글이 부정적이면 그것을 따라서 부정적인 댓글을 달고, 댓글이 긍정적이면 긍정적인 댓글을 단다는 뜻이다. 이러한 특성 때문에 '뉴스 댓글 조작'이 성행하기도 했다.

한 뷰티 그룹 명예의 전당 페이지에 내 메이크업 관련 글이 올라간 적이 있다. 꽤 인지도 있는 페이스북 그룹에 '03년생 화장의 중요성' 같은 제목을 달고 화장 전후를 보여주는 글이었다. 이 때문에 주변에서 연락이 많이 왔다. 너 괜찮냐고, 댓글 수준 가관이라고. 궁금해서 댓글 창을 쭉 내려보았다. '좋아요'를 가장 많이 받은 댓글이 "그래서 뭐가 중요한 건데"였다. 그 외에도 '둘 다 별로다' '저런 눈은 무슨 화장을 해도 안 되는구나' 등의 댓글이 주를 이뤘다.

상처를 받거나 기분이 나쁘지는 않았다. '거긴 원래 그런 댓글이 달리는 곳'이라는 걸 이미 알고 있었기 때문이다. 무엇보다 내가 크게 상심하지 않은 이유는 근거 없는 욕이나 심한 악성 댓글이 달렸을 때, 그 댓글 수의 몇 배나 되는 사람들이 나 대신 그들을 욕해줬기 때문이다. 그 게시글이 수많은 글 사이에 묻혀 더는 아무 댓글이 달리지 않을 때까지 '악플러'와 '악플러를 욕하는 악플러'의 싸움은 지속됐다.

고등학생인 내 글에는 그나마 유치한 욕이 주를 이루지만, 어리고 만만해 보이는 열다섯, 열여섯 살 청소년들의 게시글에 달리는 댓글은 비방의 수위가 훨씬 높다. 부모님 욕부터 시작해 입에 담을 수 없는 성적인 발언까지 서슴지 않는다. 그 댓글에 청소년들이 법적으로 대응하기는 쉽지 않다. 그래서 이들이 선택한 방법은 '눈에는 눈, 이에는 이'인 것 같다. 악플을 단 사람에게 똑같이, 때로는 더 심하게 욕을 한다. 아이들은 자신에게 악플을 단 익명의 누군가가 사실은 나보다 잘난 것 하나 없는 존재이며, 똑같이 욕을 되갚아주면 이길 수도 있다는 것을 잘 알고 있다. 똑같은 사람이 되는 게 옳은 방법이 아닐 텐데 왜 그 의미 없는 싸움을 해야 하는 걸까 하는 생각이 자주 든다.

양쪽을 넘나드는 Z세대

어릴 때 부모님에게 "휴대폰 잡고 있을 시간에 의미 있는 일을 좀 해봐"라는 말을 많이 들었다. 완전히 틀린 말씀은 아니지만, 부모님의 우려와 달리 SNS는 내 인생에 긍정적인 영향을 끼치기도 했다. 그 안에서 알게 된 다양한 사람들은 내가 더 넓은 세상을 경험할 수 있게 해주었다. 나와 같은 진로를 가진 선배들, 같은 분야에서 뛰어난 성공을 이룬 사람들을 SNS에서 쉽게 만날 수 있었고, 그들에게 진심 어린 조언도 들었다. 특성화고에 다니는 나는, 전공이 같은 선배들의 경험과 조언을 인스타그램 다이렉트 메시지(DM)로 전해 들었다. 나 또한 우리 학교에 오길 희망하는 후배들에게 다이렉트 메시지로 상담을 해주었다.

최근에는 청소년들의 SNS에 청원 글도 자주 보인다. 이런 청원 글은 어디엔가 한번 올라가면 이리저리 공유되어 짧은 시간에 몇십만 명이 참여하는 경우도 종종 있다. 특히 또래 학생이 폭행당했거나 길고양이 같은 동물이 끔찍한 일을 당했다는 글이 널리 공유되는 것 같다. 아무 생각 없어 보이는 애들도 사실은 사회 현상에 꽤 관심이 있고, 특히 정치 이슈에도 관심이 많다는 것을 느낀다. 우리는 거의 모든 뉴스를 SNS로 접하는 세대다. SNS를 통해 사회문제에 동참하고 이를 확산시켜 더 좋은 사회를 만들어가려는 것이 우리가 사회구성원으로서 할 수 있는, 작지만 큰 노력이다.

2000년대에 태어난 아이들을 Z세대라고 한다. '디지털 원주민'이라 불릴 만큼 우리와 SNS는 떼려야 뗄 수 없는 관계다. 최근 갑작스러운 '온라인 학습' 때문에 많은 선생님이 골머리를 앓으셨을 것이다. 동영상 콘텐츠를 제작하는 것이 처음인 선생님들이 많다 보니 전체적으로 수업의 질이 떨어졌고, 소리가 잘 안 들리는 등 실수도 많이 하셨다. 동영상을 찍고 만드는 것을 많이 해본 Z세대에게는 익숙한 일이 기성세대에겐 어려운 듯하다.

사실 내가 지금까지 받아왔던 미디어 교육은 대부분 '컴퓨터와 스마트폰 사용 시간을 줄이는 것'에 초점이 있었다. 온라인 혹은 게임 속에서 오랜 시간을 보내는 아이들은 현실에 친구가 없고 무언가 흠이 있어 '나'를 인정받을 수 있는 사이버 공간에 오래 머무는 것이라 여기는 시선이 많았다.

그러나 Z세대는 오프라인 친구와 SNS를 함께 하며 온라인에서 사귄 친구를 실제로 만난다. 둘은 더 이상 서로 구분된 세계가 아니다. 물론 지나친 전자기기 사용은 건강에 좋지 않겠지만, 그렇다고 무조건 사용을 막고 통제하려는 것은 현실에 뒤처지는 교육 방식이다. 교육의 초점이 '어떻게 해야 옳은 방식으로 온라인 문화를 만들어갈 수 있는지'에 맞춰지면 좋겠다. 악플을 달면 안 된다는 말과 함께 악플에 대응하는 방법을 가르쳐주듯 말이다.

(vol. 130, 2020. 7-8)

어른들은 모른다:
청소년 크리에이터의 세계

다른 세계에 사는 세대

유튜브는 알고리즘으로 작동한다. 알고리즘은 유튜브라는 플랫폼을 방문한 사람이 관심을 가질 법한 영상 콘텐츠를 찾아 나른다. 사용자가 봤던 영상을 기준으로 비슷한 영상들을 구글이 가진 빅데이터에서 찾아 추천해주는 시스템이다. 따라서 유튜브 플랫폼을 이용하는 사람은 대개 유사한 콘텐츠를 만나게 된다. 시사 유튜브 채널을 주로 보는 사람은 여러 시사 유튜브 채널이

하헌기 _ 국회에서 보좌진으로 일하다 국민과 소통하지 못하는 정치에 문제의식을 느껴 사표를 던지고 동료들과 '새로운소통연구소'를 설립했다. 가짜뉴스를 팩트 체크하는 유튜브 채널 '헬마우스'를 운영한다.

주로 메인 페이지에 걸려 있고, 동물 유튜브 채널을 주로 보는 사람은 또 다른 동물 유튜브 채널을 추천받는다.

남들 다 아는 사족을 붙이며 글을 시작하는 이유는 청소년들의 유튜브에 대해 글을 쓰고 있으면서도 정작 내 유튜브 메인 페이지에는 청소년들이 만드는 유튜브 채널이 노출되는 경우가 거의 없다는 걸 먼저 밝혀야 하기 때문이다. 직접 유튜브 채널을 운영하고 있고, 누군가에게 유튜브 제작 컨설팅을 해주기도 하며, 관련해서 시사 주간지 《시사IN》에 매주 칼럼을 기고하는 입장임에도 나는 '청소년이 운영하는 유튜브 채널'을 접할 일이 별로 없다. 그저 언론 기사에서 요새 청소년들의 장래희망 1위로 유튜브 크리에이터가 꼽힌다는 소식을 들었을 뿐이다.

추정컨대, 아마 대부분의 성인이 이와 비슷한 상황이리라 생각한다. 사실 성인의 유튜브를 열었는데 메인 화면에 청소년이 제작한 유튜브 채널이 가득하다면 그것도 이상한 일 아닌가. 어떤 어른에게 유튜브 알고리즘이 청소년 유튜브 채널만 추천해준다면 그가 청소년을 만나는 일을 하거나 그의 문화적 취향이 청소년의 유행에 맞춰져 있다는 뜻이다. 성인의 시야에 좀처럼 청소년 유튜브 채널이 들어오지 않는 건 그저 놀이터에서 술래잡기하는 어른을 볼 수 없는 것처럼 당연한 일이다.

같은 세계에 살고 있더라도 혹은 같은 공간을 공유하더라도 아이들의 사회와 어른의 사회는 어느 정도 분리되어 있다. 청소년을 흔히 볼 수 있다 하더라도 성인이 그들 사회에서 함께 부대낄 일은 별로 없다. 그래서 어른은 아이를 모른다. 어른이 아이들의 눈높이를 가늠하기 힘든 건 당연한 일이다. 일단 이 사실을 인정해야 역설적으로 아이들을 이해할 수 있다.

아이들도 주체로서 존재한다

현실에서 직접 부대끼지 않는 한 우리는 청소년 사회에 대해 관찰자 시점일 수밖에 없다. 일단 아이들이 어른이랑 부대끼려고 하지 않는다. 어른이라고 다르지 않다. 어른도 아이들과 대등하게 부대끼려고 하지 않는다. 그러니 서로 표층만 보고 가늠할 뿐 각자 문화의 심층을 알 수가 없다. 대개 현실에서 어른이 보는 청소년은 어른의 눈으로, 그러니까 본인의 청소년 시절과 비교하며 보는 것이지, 요즘 아이들 사회의 문법으로 보는 게 아니다. 아이들도 그걸 안다.

유튜브 세계는 현실보다 더하다. 현실에선 어른이라도 청소년들을 목격할 수 있는데 유튜브에서는 청소년 크리에이터를 흔히 볼 수조차 없다. 유튜브는 성인 크리에이터와 청소년 크리에이터가 같은 플랫폼을 공유하고 있는지조차 서로 알 수 없게 만든다. 알고리즘에 의해 세계 자체가 아예 완전히 분리되는 것이다.

성인들 시야에 잘 잡히지 않지만 제법 사이즈가 큰 채널을 운영하는 청소년들도 있다. 흔히 MCN[1] 업계에서는 전업 크리에이터라도 생계를 해결할 수 있는 기준을 10만 구독 확보 채널이라고 보는데, 이 기준을 훌쩍 뛰어넘는 청소년 크리에이터가 제법 있다.[2] 10만 구독자 확보에 근접한 청소년 채널들도 많다. 유튜브 채널을 운영하고 있는 입장에서 말하자면 이는 엄청난 성과다. 셀러브리티로 각 잡고 기획해도 여기에 미치기 힘들다. 이름만 대면 알 법한 아이돌 그룹 멤버가 운영하는 유튜브 채널도 일 년 넘게 10만 구독자 확보를 못하는 경우가 흔하다.

유튜브가 매력적인 플랫폼으로 자리 잡은 건 평범한 사람도 도전해서 성공할 수 있는 가능성이 열려 있기 때문이다. BTS 같은 월드스타뿐 아니라 박막례 할머니 같은 분들도 유튜브를 통해 주목을 받는다. 청소년 크리에이터들도 마찬가지다. 압도적인 재능이 중요한 게 아니라 스스로 얼마나 주체적으로 채널을 운영하는지가 중요하다.

청소년이 운영하는 채널에서 영상의 소재로 삼는 것들은 대개 어슷비슷하다. 채널아트 또는 채널 정보에 대부분 '브이로그[3]와 뷰티'가 적혀 있다. 표현 욕구가 강한 청소년들이 자신의 일상과

---

[1] Multi Channel Network, 다중채널 네트워크.
[2] 유정YU JEONG (00년생/33.5만 구독), 뿌직PPUJIG (02년생/67.4만 구독), 미니미니MiniMini (04년생/65.7만 구독), 노래하는하람 (06년생/46.9만 구독) 등.
[3] V-log. 비디오(Video)와 블로그(Blog)의 합성어.

자신들이 한창 관심 있는 소재를 활용해 채널을 운영하는 것이다. 그렇기에 청소년 입장에선 평범한 사람도 도전하는 데 충분히 참고할 수 있는 채널이고, 어른 입장에선 청소년 사회를 헤아려보는 데 참고할 수 있는 채널들이다.

이 지점에서 역설이 발생한다. 현실에선 같은 공간을 공유해도 실제로 부대낄 수 없어 알기 힘든 그들의 사회를 알고리즘에 의해 어른들의 세상과 거의 완전히 분리되어 있는 유튜브에서 더 생생히 볼 수 있다는 점이다. 현실에선 어지간히 관심을 기울여도 청소년 사회를 알기 힘들지만, 유튜브에선 조금만 관심을 기울이면 알고리즘을 뚫고 그들의 채널을 찾아 방문하는 것이 가능하다. 그렇게 방문한 청소년 채널의 아이템이 주로 그들이 주체적으로 표현하는 그들의 일상이자 관심사이기 때문이다.

생업을 가지고 있으면서 유튜브 채널 운영을 병행하는 것은 결코 만만한 일이 아니다. 소재 발굴, 콘텐츠 기획, 촬영, 편집 이 모든 과정에 상당히 품이 들기 때문이다. 학생의 경우엔 학업이 어른들의 '본업'에 해당할 텐데, 과연 학업과 유튜브 채널 운영을 병행하는 게 가능할까 의문을 갖고 있었다. 그런데 편견이었다. 청소년들이 운영하는 채널엔 여고생 메이크업을 소재로 한 콘텐츠 중간중간에 꽤 자주 교실 속 풍경, 시험 기간의 일상을 소재로 한 콘텐츠를 업로드한다. 어른 입장에서는 그들이 주체적으로 운영하는 채널을 통해 청소년의 고민을 보다 밀도 깊게 헤아릴 기회를 가질 수 있다.

'중3 유튜버의 시험기간 브이로그'(소수빈), '주말에도 집에 못 가는 (불쌍한) 기숙사 학교 학생의 브이로그 : 16시간 마스크 끼기'(예보링), '특성화고 여고생의 학교 브이로그'(유정) 등 청소년들의 이런 솔직하고 주체적인 이야기들을 어른들이 대체 현실 어디에서 접할 수 있겠는가?

고루한 어른들을 피하는 그들의 도전

청소년들이 주체적으로 유튜브 채널을 운영하고 있지만 대부분의 기성세대는 사례를 알지 못한다. 현실에서 그저 그들의 표층만 보고 유튜브에 빠져 있는 아이들을 걱정할 뿐이다. 나도 다르지 않았다. '엄마는 인정하지 않은 학생 메이크업'(채경chaekyung) 콘텐츠를 접하고 복잡한 감정이 들었다. 제목 그대로 현실에서는 아마도 어머니의 나무람을 들었을지도 모르는 16세 박채경의 메이크업 방법. 엄마의 꾸지람에도 굴하지 않고, 자신의 메이크업 방법에 오히려 '엄마는 인정하지 않은 메이크업'이라는 이름을 붙여 콘텐츠로 만든 것이다. 이 콘텐츠의 조회 수는 20만 회가 넘었다.

15세 소수빈의 콘텐츠 중에도 비슷한 게 있다. 영상의 제목은 '05년생의 교문 통과 메이크업'. 영상의 내용은 제목 그대로다.

화장을 하긴 해야겠는데 소위 '빡세게' 하면 이들의 개성을 인정하지 않은 '기성세대'가 교문에서 잡으니, 이들의 눈을 최대한 피하는 화장술을 소개하는 뷰티 콘텐츠다.

이들이 올린 뷰티 콘텐츠의 댓글창을 보면, 꾸미고 싶고 표현하고 싶은데 어른들의 규제에 가로막혀 있는 또래 청소년의 비슷한 고민이 한가득 담겨 있다. 나 역시 기성세대이다 보니 처음엔 열다섯 살이 이렇게 능숙하고 화려한 화장술을 갖고 있다는데 약간 이질감을 느꼈다. 그가 특이한 학생이 아닐까 싶었던 것이다. 그런데 그 또래 크리에이터 대부분이 어슷비슷한 콘텐츠를 올리고 그 콘텐츠에 수십만 명의 또래 청소년이 반응하는 것을 보고, 스스로 고리타분한 어른이 된 느낌에 휩싸였다.

생각해보면 저걸 왜 그렇게까지 규제해야 하나 싶기도 하다. 서구에선 학생들이 외모를 가꾸는 것이 그냥 자연스러운 풍경 아닌가? 누구 하나 별나서가 아니라 그냥 자신을 자유롭게 표현하고 싶어 하는 건데, 그 건강함을 통과시키지 않은 고리타분한 '교문'이 된 것 같았다. 현실에서는 그들의 자유로운 표현을 인정하지 않거나 혹은 교문으로 가로막지만, 그들은 유튜브를 통해 그 고리타분함에 한 방 먹인다.

사실 자존감이 충분히 서지 않은 상태에서 대중과의 접촉면을 넓히는 것은 위험한 일일 수도 있다. 불특정 다수의 악의에 노출되는 것은 물론 불특정 다수의 찬탄에 노출되는 것도 정신 건강에 좋지 않긴 마찬가지다. 수많은 악플에 성인 크리에이터들도 정신이 위태로워지는 걸 쉽게 볼 수 있다. 수많은 사람들의 갈채에 성인도 쉽게 교만해진다. 대중의 주목을 받는 자리에 가면 어쩔 수 없이 불특정 다수의 입에 오르내릴 수밖에 없게 되는데, 아이들이 이를 견뎌낼 수 있을까.

하지만 그렇다고 해서 어른들이 아이들의 도전을 막을 수 있을 것 같지도 않다. 교문에서 막아도 '화장'이란 자기 표현을 포기하기보다 자신만의 방식으로 돌파하는 청소년 소수빈처럼 아이들은 자신만의 방식으로 난관을 뚫고 도전할 것이다. 어른의 역할이란 고루한 시선으로 아이들의 도전을 가로막는 것이 아니라 그 도전이 안전하고 건강하게 이루어질 수 있는 환경을 만들어주는 일이다.

우리는 어떤 세계를 만들어야 할까

'노래하는하람' 채널을 운영하는 13세 임하람은 일상, 뷰티, 롱보드 등 다양한 콘텐츠를 업로드한다. 채널의 메인 콘텐츠는 당연히 노래 영상들인데, 콘텐츠에 적혀 있는 정보가 인상적이다.

그는 다른 청소년들처럼 유튜브 채널을 통해 자신을 주체적으로 표현한다. 콘텐츠의 구성을 봤을 때 채널의 운영 역시 본인이 주체적으로 한다. 그리고 어머니가 그것을 돕는다. 하람이 상처

받지 않도록 댓글창 등을 면밀히 살피고, 딸의 재능을 영상 콘텐츠로 만들어 채널 운영을 도와주면서도 어머니가 직접 기획을 하거나 딸의 자율성을 침해하진 않는다. 하람의 채널에는 노래 외에도 일상이 담긴 다양한 영상들이 올라와 있다. 채널 운영을 하람 본인이 주체적으로 하고 있다는 방증이다. 억압하지도 방기하지도 않으며 하람이 자신의 콘텐츠로 대중들과 소통할 수 있도록 돕고 그것을 통해 아이가 성장할 수 있도록 지원하는 셈이다.

박막례 씨의 경우 "71세에 유튜브에 도전하여 인생이 뒤집어졌다, 인생은 71세부터"라는 표현을 썼다. 대한민국 최고의 크리에이터 중 한 명이 된 그녀의 콘텐츠는 이제 국경을 넘나든다. 이 일이 가능했던 건 그녀의 손녀 김유라 씨가 할머니의 이야기를 콘텐츠로 만드는 PD가 되어주었기 때문이다.

김유라 씨는 자신의 할머니를 가장 중요하게 생각하며 채널을 운영한다. 할머니가 크리에이터로서 당신의 이야기를 할 수 있게 돕되 상처받지 않고 대중들과 소통하는 데 채널 운영의 방점을 찍는다. 박막례 씨의 채널은 대중과 박막례 할머니의 소통의 장이기도 하지만, 할머니 세대와 손녀 세대가 소통하는 장이기도 하다. 크리에이터가 되고 싶어 하는 아이를 둔 부모가 있다면, 김유라 씨가 이 채널에서 하는 역할에 대해 한번 고민해볼 필요가 있겠다.

청소년들이 고루한 어른들의 눈을 피해 혼자 도전하다 보면 여러 어려움에 부딪칠 것이다. 어떻게 그 어려움을 뚫고 나오더라도 혼자 망망대해를 항해하다 보면 대중이란 파도 앞에서 수많은 위험에 노출된다. 어른들에게 주어진 숙제는 청소년 크리에이터의 삶과 도전이 기성세대가 만들어놓은 세상 앞에 좌초될까봐 나서서 미리 억압하는 것이 아니다. 그렇게 되지 않도록 돕는 것, 그런 환경을 만들어주는 것이 어른들의 역할이다.

(vol. 131, 2020. 9-10)

게임에 빠진 아이들을 위한 변명

게임이 인간을 잡아먹는다고?

그 방에 들어서는 순간 나는 뜨악하고 말았다. 책상 위에 수북이 쌓인 컵라면 그릇에는 담배꽁초가 수북했다. 이불은 누렇게 바래 있고, 바닥에는 정리되지 않은 옷가지와 별스러운 쓰레기들이 넘쳐났다. 마음을 가다듬고 후배에게 물었다.

"요즘 학교는 왜 안 와? 안 보인다고 애들이 찾더라."

"게임 하느라구요."

이용준 _ 공교육과 대안교육 현장에서 철학과 역사를 가르쳤다. 한때 밴드 음악도 하고 여행을 즐겼으나 지금은 전업 아빠가 되어 30개월 아이와 뒹굴면서 성장의 즐거움을 맛보고 있다. 이 글은 『민들레』 62호에 쓴 글을 보완한 것이다.

"뭐? 게임 하느라고!"

이 상황은 꾸며낸 것이 아니다. 후배는 그 뒤로도 학교를 밥 먹듯이 빠졌고 시험마저 빠지는 바람에 결국 힘들게 들어간 대학에서 일 년 만에 제적당하고 말았다. 후배를 학교 밖으로 몰아낸 주범은 당시 유행하던 '와우World of Warcraft'라는 온라인 게임이었다. 그는 고등학교 시절에도 부모님이 게임을 못하게 말려 아예 컴퓨터를 들고 친구 집으로 가출한 적도 있었다고 했다. 그는 팍팍한 현실보다 언제나 신나는 게임을 더 좋아하는 것 같았다. 게임을 많이 해서 그런지, 불경기에도 일 년치 등록금을 고스란히 게임과 맞바꿔먹은 녀석의 배짱은 게임 속 캐릭터마냥 친구들 사이에서 회자되곤 했다.

지금은 성실히 군생활을 마치고 무탈하게 사회생활을 하며 살고 있는 그 후배가 언젠가 휴가를 나와서 토해냈던 일갈은 많은 이들에게 깨달음을 주었다고 한다.

"내가 게임을 선택한 것이 아니라, 사회가 나한테 게임을 권한 거라고!"

그는 e스포츠계의 슈퍼스타 페이커Faker처럼 되려던 것도 아니었고, 시대의 아픔이나 개인적인 슬픔을 잊기 위해 스스로를 게임에 던진 것도 아니었다. 그냥 게임이 재밌었다고 한다. 어찌 보면 평범한 2,500만 명의 한국인 게이머[1] 중 한 명이었는데, 그 몰입도가 다소 과했던 것뿐이다.

온라인 시대의 모노드라마

일이나 공부를 하기보다 놀기를 더 좋아하는 것이 사람들의 보편적인 심리다. 이는 동서고금 대부분의 사람들에게 공통으로 해당될 것이다. 다만 시대가 바뀌면서 놀이의 양상이 변해왔을 뿐이다.

태어난 지역이 어디든 아날로그 시대의 놀이란 말 그대로 몸과 몸이 부딪혀야 가능했다. 서울에서도 촌구석이었던 우리 동네는 80년대까지만 해도 '다방구'라 부르는 술래잡기 놀이가 성행했고, 이름의 유래조차 알 수 없는 '짬뽕'이라는 손야구가 국민스포츠였다. 낡아빠진 놀이터에는 아이들이 북적였고, 저쪽 구석에서 주먹다짐이 일어나면, 또 다른 쪽에선 괴성과 울부짖음이 들려왔다. 엄마가 저녁 먹으라고 찾을 때까지 놀이터에서 흙을 파며 놀고, 하늘빛과 골목길의 가로등 빛이 얼추 비슷해질 즈음 만화영화를 보러 집에 기어들어가는 아이들의 모습은 매우 흔한 풍경이었다. 대부분의 아이들이 그렇게 놀았다. 왜냐면 그때는 인터넷도, 스마트폰도 없던 시대였으니까. 놀기 위해서는 친구들이 필요했으니까.

---

1 2020년 8월 공개된 한국콘텐츠진흥원의 〈게임 이용자 실태조사 보고서〉에 따르면, 2019년 기준으로 10대의 91.5%가 게임을 한다. 취업에 정신 없을 20대는 85.1%가 한다. 한창 사회생활에 몰두할 30대는 고작(?) 74%가 게임을 한다.

하지만 인터넷을 바탕으로 성립된 온라인 세계는 모든 것을 바꿔놓았다. 역사의 발전이 그러했듯, 기술의 발달은 개인에게 더 많은 자유를 안겨준다. 그 자유는 어른들에게만 몰래 전해진 것이 아니라, 눈을 뜨고 이제 막 세상에 떠밀려 나온 아기에게도 주어진다. 이제 어린이집에 갈 나이 즈음이 되면 어린아이들조차 유튜브가 친구가 될 수 있다는 사실을 안다. 컴퓨터 게임이 등장하면서 친구와 마주하지 않고도 얼마든지 흥미진진한 시간을 보낼 수 있게 되자 놀이터가 말라가기 시작했다.

이 시대의 디지털 기기는 대부분 일인용 기기다. 사람들은 스마트폰에 딸린 그 조그만 렌즈를 통해 자신만의 세상을 창조해내고, 포토샵을 통해 없던 세상도 만들어낸다. 선도 달려 있지 않은, 콩나물 토막처럼 생긴 걸 귀에 끼면 BTS도 나만을 위해 노래한다. 대화를 하고 싶으면, 스마트폰의 잠금 패턴을 풀고 누구랑 대화할지 대화창을 위아래로 스크롤해본다. 그나마 가족의 유대감을 지켜주던 텔레비전 시청 시간은 각자의 유튜브 채널 사이로 숨어버렸고, 친구간의 우정은 카카오톡이 친구의 생일을 알려줄 때야 극적으로 확인된다.

디지털 세계는 기기 사용자를 세상의 주인으로 만들어버리는 묘한 마법을 부리며, 사람들을 더욱 더 그 마력 속으로 끌어들인다. 인간은 디지털 기기 속에서 감히 신이 될 수 있다. 모든 것은 사용자가 원하는 대로 조정된다. 아이에게 부여된 그 '권력'은 온갓 불가항력적인 관계와 사물에 둘러싸여 있는 자그마한 아이에게 자유와 전능감이라는 선물을 안겨준다. 더군다나 이제는 굳이 놀기 위해 다른 아이들을 찾지 않아도 된다(사실 아이들도 없다). 시간이 늦었다고 엄마 손에 끌려 집에 가야 할 일도 없다. 버튼만 누르면 24시간 언제나 나와 함께하는 친구가 있으니, 외로움이라는 것을 알 수 있을까?

접속의 시대, 텅빈 놀이터

디지털 세계에서의 관계란 접촉의 관계가 아니라 접속의 관계다. 전 세계를 아우르는 온라인망은 사람과 사람을 접속할 수 있도록 도와주지만, 접촉하도록 도와주지는 않는다. 그리고 이러한 관계 속에서 사람과 사람 사이의 관계 또한 접속의 관계로 변하고 있다.

스마트폰과 그 안의 SNS 앱들이 유일한 연락 수단이 된 이후, 우리는 그것에 의지해 관계를 유지한다. 만약 접촉이 있다면 그 이전에 이미 접속이 존재할 것이다. 이제 인간관계에서 접속은 접촉에 우선한다. 스마트폰을 잃어버리거나 갑자기 인터넷 망이 끊어진다면 관계는 암흑 속으로 빠져든다.

이런 세상에서, 아이들 또한 직접적인 접촉보다는 온라인을 통한 접속에 더 익숙해진다. 이제 아이들은 함께 놀기 위해 놀이터가 아니라 PC방을 찾는다. 땀 흘리며 축구나 농구를 하기보다는 다 같이 PC방에 몰려가 축구 게임을 하거나 누군가를 총으로 쏘는 게임을 한다. 이제 학급 대항 줄다리기 같은 데서 함께하는 즐거움을 찾는 것이 아니라, 얼굴도 모르는 누군가와 우연히 같은 사이드에 서 있는 것만으로도 잠시 만족스럽다.

온라인을 통한 접속의 세계가 한 개인에게 그러한 관계망을 제공해주게 되면서, 사람들은 온라인 그 자체를 유지하기 위해 애쓰게 되었다. 접속이 불가능해지는 상황은 이제 상상조차 되지 않는다. 그것은 극심한 사회적 혼란의 시작일 것이다. 우리가 살고 있는 시대가 그런 시대라는 사실을 이론적으로든 경험적으로든 모두가 이해하고 있다.

그러므로 이제 오프라인에서 무엇인가를 하는 일은 독특한 취미가 되었다. 10년 전에만 해도 애가 집에서 게임만 한다면 근심어린 눈으로 걱정했겠지만, 이제는 하루 종일 밖에서 놀기만 한다면 오히려 걱정할 것이다. 스마트폰을 꺼내 들고 척하니 광각도 찍고 접사도 찍고 망원도 찍을 수 있는 시대에 필름 카메라를 어깨에 짊어지고 다니며 렌즈 바꿔가며 사진 찍는 일이 고급 취미가 된 것처럼, 디지털과 온라인이 대중적인 시대에 오프라인은 오히려 소수의 취향 속에만 존재하게 된다. 그러므로 아이들이 모두 유행하는 게임을 하고 SNS에 끊임없이 접속해 있다고 나무랄 일이 아니다. 그것이 그들의 관계 방식이기 때문이다.

비일상의 일상화

축복받은 몇몇 사람들을 제외하고 공부나 직장일 따위가 마냥 즐거울 수는 없다. 삶을 억누르는 이 온갖 '해야 할 것들'의 무게 속에서 사람들은 즐거운 일을 찾는다. 짜증나는 일상에서 훨훨 자유롭게 떠나고 싶다는, 이른바 '비일상'에 대한 갈망을 갖게 된다. 여행을 떠나고, 영화를 보고, 소설을 읽고, 외식을 하는 일의 배후에는 '무언가 색다른 일을 하고 싶다'는 욕망이 숨어 있다. 그렇기 때문에 비일상은 더 효율적이거나 더 편안해야 하는 일상과 관련이 없어도 된다. 가령 인도에서 평생을 살아야 하는 이들은 일상의 특별함을 잘 느끼지 못하지만, 그곳을 스쳐가는 여행객들에게 인도는 비일상의 낙원이다. 낯설다는 이유만으로, 일상과 전혀 다른 구조로 작동한다는 이유만으로 사람들은 그곳을 그리워한다.

이렇듯, 비일상은 어른들이 꾸다 만 어린 시절의 꿈이다. 놀고 싶지만 놀지 못하게 된 현실 속에서 여전히 그리는 꿈이다. 게임은 이러한 비일상에 대한 욕망이 그려낸 새로운 세상이다. 새로운 사람이 되어 색다른 인생을 살아보기도 하고, 직접 도시를 설계해보기도 하고, 지휘관이 되어 전쟁도 치러보고, 만화 속 세상으로 들어가 악당을 해치운다. 이 모든 것은 결국 지루한 일상에서 달아나고 싶어 하는 우리들 모두가 그리는 또 다른 환상이다.

날고 싶어 하는 인간의 꿈은 날지 못하기 때문에 생겨난 것이다. 새는 나는 꿈을 꾸지 않는다.

우리의 이런 욕망은 디지털 세계가 제공하는 전지전능한 능력과 결합하면서 비로소 빛나는 매력을 발산한다. 언제 어디서나 24시간 제공되는 이 비일상의 세계는 어린 시절 우리가 꿈꾸던 유토피아가 아니던가. 그러니 어찌 재미있지 않겠는가. 어른들이 꿈꾸다 만 꿈의 세계에서, 아이들은 또 얼마나 재미있을 것인가.

게임의 주인이 되는 일

그러므로 아이들이 접속된 채 노는 것은 매우 자연스러운 일이다. 어차피 10대 열 명 중 아홉 명은 게임을 한다. 그것은 게임이 재밌기도 하거니와 그것이 하나의 문화이기 때문이다. 카카오톡을 쓰지 않고 주변과 소통하는 사람들을 찾아내어 특별히 칭찬하고 포상하지 않는 것처럼, 나가서 발로 축구를 하는 대신 컴퓨터 앞에서 손으로 축구 게임을 한다고 나무랄 수는 없다. 애초에 그런 모습이 불편하게 보였던 것은 혹시나 남들보다 뒤처져 자라면 어쩌나 하는 두려움 때문이다.

게임을 하지 않고 자라나길 바라는 것은, 카카오톡을 하지 않고 훌륭한 인간관계를 맺길 바라는 것과 비슷하다. 섣부른 예측일지 모르나, 지금 10대들이 하는 게임은 훗날에는 전통놀이처럼 취급될 것이다. 스타크래프트Starcraft를 이미 민속놀이처럼 느끼는 세대가 있듯이.

세상이 게임을 권하고 있다. 게임의 문제는 비단 아이가 혼자 만들어낸 문제가 아니다. 이미 사회는 모든 이들에게 게임을 권한다. 아흔 살 할머니도 마음만 먹으면 클릭 몇 번으로 인터넷 고스톱을 배워서 칠 수 있는 시대다. 거기에 돈이 된다면 얼마든지 자극적인 것들을 제공해주겠다는 사람들이 줄을 서 있다. 게임은 이미 일상화된 비일상이다. 이것은 변명이 아니라 현실이다.

글의 서두를 장식했던 후배의 경우, 현실을 등지고 게임 속에서만 살았기 때문에 현실 속에서의 자기 존재, 곧 대학생이라는 캐릭터를 망각한 것이다. 그리고 그것이 주변 사람들이 보기에 매우 비정상적인 일이었을 뿐이다. 하지만 그가 왜 큰 칼을 휘두르며 몬스터와 맞서 싸워야 했는지에 대해서는 아무도 궁금해하지 않았다. 왜 게임에 그렇게 빠질 수밖에 없었는지, 왜 학교에 흥미를 갖지 못했는지 아무도 궁금해하지 않았다. 정말 중요한 것은 왜 그런 선택을 하게 되었는가 하는 건데 말이다.

게임이 악이고 공부가 선일 수는 없다. 어차피 기술에는 주인이 없다. 자동차는 문명을 대표하는 매우 편리한 이동수단이면서 동시에 수많은 교통사고의 원인이기도 하다. 이런 점에서, 게임과 수입이 결합된 G러닝은 코로나 시대 이전부터 효율적인 수업 방식으로 크게 주목을 받고 있었다. 이렇듯, 게임의 존재를 인정하고 그것의 의미와 기능을 알고 이해할 때, 게임을 삶의 한 부분으로 활용할 수 있는 주체적인 능력도 생겨날 것이다.

우리는 게임을 피상적으로 바라보는 상황에서 지엽적인 정보만으로, 혹은 그것으로 인해 나타난 몇몇 결과만으로 섣불리 윤리적 판단을 내리려고 했는지도 모른다. 실제로 깊이 있게 해본 적도 없는 게임에 대해 섣불리 판단하고 단정 지을 수는 없다. 누구는 게임을 하면서도 매우 생산적이고 즐겁게 인생을 살아가고, 누구는 게임을 하지 않으면서 팍팍한 인생을 살아간다. 삶의 모습은 너무나 다양하다. 그러고 보면, 스스로 캐릭터를 선택하지 못했지만 나름 열심히 살아가고 있는 우리의 '인생 게임'도 이렇게 그럭저럭 잘 꾸려가고 있지 않은가! 이것은 우리가 이 게임의 주인이기 때문이다.

(vol.62, 2009. 3-4)

디지털 원주민의 시대가 온다

달라지고 있는 정보 인식과 전달 방식

작년 한 해 국내 최대 포털 사이트 네이버의 검색어 순위 1위는 '오늘의 날씨', 2위는 '유튜브'라고 한다. '유튜브'가 2위인 것은 단연 10대와 20대의 영향이다. 정보를 검색할 때 문자로 된 텍스트보다 동영상을 찾게 된 변화는 디지털 원주민 세대와 디지털 이주민 세대의 차이를 극명하게 보여준다. '디지털 원주민'은 인터넷이 없는 세상에서 살아본 적이 없는 사람들을 말하며, '디지

조이스 박 _ 대학에서 교양 영어를 가르치며, 영어와 영문학, 영어교육법, 영미 문화를 주제로 강연하고 글을 쓴다. 『내가 사랑한 시옷들』 외 여러 책을 집필했다.

털 이주민'은 종이 문서 시대에서 인터넷 세계로 이행해온 사람들을 가리킨다.[1] 현재 중년층 이상은 디지털 이주민들이고, 20대 중반 아래 세대는 디지털 원주민이라 볼 수 있을 것이다. 이들 원주민의 사고방식은 이주민들의 사고방식과 상당히 다르다. 동시대를 살아가고 있는 우리는 어떤 변화를 겪고 있는 걸까.

정보를 공유하고 전달하는 수단은 지난 5천 년 동안 급격한 변화를 거쳤다. 호모 사피엔스가 등장하고 30만 년이 흐른 뒤 불과 최근 5천 년 동안 인간의 인지방식과 사고방식은 엄청나게 바뀌었다. 정보 전달 수단에서 일어난 최초의 변화는 음성언어로 지식을 공유하고 발전시키던 전통을 문자언어가 변질시킬지도 모른다고 소크라테스와 그 추종자들이 우려한 구절에서 포착된다.[2]

수메르 문명부터 문자언어가 있긴 했으나, 점토판에 새긴 문자언어는 그 전달력과 전파력이 떨어지는 데다 문자 자체도 너무 난해해 특권 계층의 승려들이 독점했으므로 음성언어의 지위에 큰 영향을 끼치지 못했다. 소크라테스와 그 추종자들이 우려했던 변화는 파피루스나 양피지의 두루마리인 '볼루멘volumen'과 표음문자가 도입되면서 시작되었다.

---

1 이 용어는 1996년 사이버 스페이스의 특징을 설명하기 위해 등장했고, 이후 미국의 교육학자 마크 프렌스키를 통해 대중화되었다.

2 스벤 버커츠, 『구텐베르크 만가The Gutenberg Elegies: The Fate of Reading in an Electronic Age』, 2006.

1960년대 출간된 『미디어의 이해』에서 마셜 매클루언Marshall McLuhan은 인류문명이 전자기적으로 복제되는 방향으로 발전할 거라고 예언했다. 그는 그리스에 표음문자를 소개한 카드모스 왕이 용 이빨로 군인들을 만들어 그리스의 통치자가 되었다는 신화를 해석하며, 용 이빨만큼이나 공격적이고 파급력 강한 표음문자의 전파가 사제 계층에서 무력을 갖춘 군인들로 국가 권력이 이동하는 효과를 가져왔다고 말하고 있다.

그리스 시대, 플라톤의 심포지엄 같은 모임은 사실 음성언어를 통해 지식을 공유하고 발전시키는 장이었다고 볼 수 있다. 그러나 음성언어는 주변의 청자들로 파급력이 제한된다. 시간과 공간의 제약에서 자유롭지 못하다는 뜻이다. 그러나 두루마리에 문자로 쓰인 정보들은 시간과 공간의 제약을 뛰어넘어 널리 퍼진다. 이 어마어마한 수단을 소크라테스와 그 추종자들이 우려한 까닭은, 음성언어에 담긴 정보는 문자언어로 옮겨질 때 반드시 압축되고 환원되며 변질될 가능성이 높기 때문이다.

볼루멘과 코덱스

문자는 기본적으로 시각적인 상징 혹은 부호이다. 여기에 의미와 소리가 얹어지면서 정보전달의 도구가 되는데, 그래서 근래에는 문자를 쓰고 읽는 과정을 인코딩, 디코딩, 리코딩 과정으로 설명한다. 코드 안에 넣는다는 뜻의 인코딩은 '쓰기'를 가리키고, 디코딩은 코드를 분석하는 것을 말하며, 리코딩은 뇌로 들어온 정보에 의미를 붙여 해석하는 과정을 말한다. 문제는 코드 안에 정보를 넣는 과정에서 필히 음성언어가 가진 다른 요소들(목소리의 어조와 강세, 몸짓 언어, 표정 등)에 담긴 정보들이 생략되거나 압축 또는 환원된다는 점이다. 그래서 문자언어의 경우 읽는 이가 리코딩하는 과정에서 저자의 의도가 곡해되는 일이 생긴다.

문자 처리 속도가 자동화되면 1분에 2~3천 단어까지 읽어낼 수 있다. 읽기의 힘은 바로 자동화 후에 생기는 어마어마한 속도의 정보 처리와 전달력이다. 정보의 생략과 왜곡의 위험을 감수하면서도 인류는 시공간을 초월하는 문자언어의 전파력을 택했고, 그 결과 지식이 빠른 속도로 퍼져나가면서 극소수에 집중되었던 권력이 해체되고, 군사력과 관료제를 갖춘 제국과 왕국이 전 세계에 세워졌다. 표음문자와 볼루멘의 강한 영향력이었다.

두루마리 형식의 볼루멘이 페이지로 엮인 코덱스codex3 형태로 바뀌면서 또 한 번 인류의 지각에 변화가 생긴다. 두루마리를 펼치면 끝도 없이 이어지던 이전의 텍스트들은 순환적, 곡선적인 인간의 사고를 반영하기도 하고 동시에 인간의 사고를 그렇게 형성시키기도 했다. 로고스 중심, 단선적인 시간관을 가진 논리 전

---

3 책이라는 뜻. 주로 성경 또는 고전의 필사본을 뜻한다.

개를 바탕으로 한 학문들은 이렇게 태어났다. 그러나 로마시대에 생겨난 코덱스는 아이디어들이 페이지로 분리되고, 챕터와 파트로 조직되고 묶이면서, 텍스트들도 논리적, 직선적, 공간적인 성향을 지니게 되었다.

코덱스 문명은 구텐베르크의 인쇄술을 만나 또 한 번 혁명적인 변화를 낳았다. 손으로 한 자 한 자 써서 책을 만들어야 했던 시절 책 한 권의 가격은 엄청났다. 영국 르네상스의 시초로 보는 시인 지오프리 초서가 평생 소장했던 책이 다섯 권도 채 되지 않았다는 것을 알면 많은들 놀랄 것이다. 인쇄술의 발달로 책의 대량 생산이 가능해지자 라틴어 성경이 각국의 언어로 번역되면서 종교개혁에 이르기까지 사회적 변혁을 일으켰다. 또한 대량 생산된 책을 통해 신흥 상공인들, 부르주아 계층이 부상했다. 영문학자 이언 와트는 『소설의 발생』에서 책이 상품화되고 부르주아 계층이 책을 사서 서재에 장식하면서, 책 속에 담긴 도덕적, 정신적 가치까지 돈으로 살 수 있게 되었다고 말한다.

디지털 원주민들의 사고방식

책을 통한 엄청난 지식 보급과 전파에 이어 20세기말 컴퓨터와 인터넷이 등장해 0과 1로 환원된 정보가 스크린 위에 문자로 표시되면서 읽기에 커다란 변화가 생겼다. 조르조 아감벤Giorgio

Aganben은 『불과 글』에서 '스크린상의 유령'이라는 표현을 쓰며, 현대인에게 아직 분절된 페이지의 개념은 남아 있으나 위아래로 스크롤하거나 다른 텍스트로 건너뛸 수 있는 하이퍼텍스트의 변화된 물성이 인간의 인식과 사고에 끼치는 영향 또한 지대할 거라고 말한다.

이 변화를 이론적 근거와 함께 구체적으로 제시한 미국의 교육학자 마크 프렌스키Marc Prensky는 교육 현장을 중심으로 디지털 원주민 세대가 어떻게 다른지 조목조목 짚어낸다. 문제는 디지털 원주민에게 있는 것이 아니라, 그들의 주의력이 짧고 논리가 결여되어 있어서 교육하기 너무 힘들다고 말하는 '디지털 이주민' 인 교육자들에게 있다고 그는 주장한다. 교육이 힘들어진 이유는 이주민 세대가 원주민들의 변화를 따라잡지 못하고 있기 때문이라는 것이다.

텍스트의 물성 변화가 뇌의 구조를 바꾸기 때문에 사고방식 또한 바뀐다는 프렌스키의 주장은 매우 흥미롭다. 뇌의 구조가 바뀐다는 근거로 그는 뇌의 신경가소성neuroplasticity[4]과 순응성을 꼽는다. 뇌의 이러한 특성으로 인해 신경망이 재배치되어 뇌가 변하고 사고가 바뀌는 일이 실제로 일어난다고 한다. 또한 그

---

4 뇌의 신경회로가 외부의 자극이나 경험, 학습에 의해 기능적으로 변화하고 재조직되는 현상. 신경회로는 일생에 걸쳐 끊임없이 변하는 것으로 알려져 있다.

에 따르면 디지털 원주민들을 설명하는 키워드는 트위치 스피드 twitch speed(한 번 딸깍하는 순간 원하는 답 혹은 반응을 얻는 생활의 스피드), 멀티태스킹multi-tasking(동시에 여러 가지 일을 해내는 양태), 무작위 접속(정보를 순서대로 취하지 않고 관심 가는 대로 정보 피드를 따라가거나 옮겨가는 속성), 그래픽 우선주의(시각적 이미지 정보에 먼저 반응하는 속성), 적극성, 높은 연결성, 빠른 보상 같은 것들이 있다.

그가 제시하는 이런 특징들은 논리적이지 못하고 집중력이 부족하며 인내심이 없다 등등 디지털 원주민에 대한 이주민 세대의 불만을 일축한다. 논리가 직선상의 일렬 연속과 다른 양상을 보일 뿐이지 논리가 없는 것이 아니며, 재미만 있다면 집중력은 한껏 발휘할 수 있고, 통신이 발달된 이 시대에는 빠른 반응과 정보 처리가 더 어울리지 않겠느냐는 것이다. 다만 이들에게 부족한 한 가지가 있는데, 바로 '성찰'이라고 한다. 학습에서 성찰은 자신의 활동을 돌아보고 반성하며 새롭게 다음 단계로 나아갈 준비를 말한다. 이 과정만은 디지털 원주민 세대를 위해 반드시 교육에 통합시켜서 넣어야 한다고.

디지털 이주민과 원주민 세대의 사고방식 차이를 직관적으로 보여주는 건, 두 가지 프레젠테이션 툴이다. 페이지 단위로 직렬 연속되는 파워포인트는 논리적이고 직선적이고 분절되어 조직된 디지털 이주민 세대의 사고방식과 비슷하다. 반면 프레지는 아이디어가 서로 연결된 구조에 따라 직선, 방사형, 나선형 등으로 전개가 가능하고, 중요한 메시지 박스에 줌인해서 스크린을 키웠다가 줌아웃해서 나온 후 다른 메시지 박스로 빙그르르 돌아가 다시 줌인할 수 있다. 일직선으로 연결되어야 하는 기존의 전개와 달리, 유기적으로 연결된 여러 가지 아이디어들을 시각화해 전개하기에 그만이다. 프레지를 한번 써보면, 아이디어 구성에 새로운 지평이 열리는 것을 알 수 있다. 실로 디지털 원주민들이 텍스트를 랜덤으로 액세스하며 이리저리 건너뛰며 엮고, 정보를 복사해 붙이며 퍼뜨리는 것을 보면 이 세대들의 사고방식이 방사형으로 자유롭게 넘나든다는 것을 알 수 있다. 실로 다른 뇌가 만들어낸 다른 유형의 사고가 아닐 수 없다.

초연결의 시대

'결국 본질적인 방향성의 변화는 무엇인가'에 대해서는 의외로 매클루언이 통찰을 보여준다. 매클루언은 문자언어로 정보를 공유, 전달하게 되면서 인류는 비로소 집단성에서 벗어나 개인을 얻었다고 말한다. 디지털 원주민 세대가 문자보다 시청각 정보를 선호한다는 것은, 결국 크게 보면 인류가 음성언어로 회귀하고 있다는 것이다. 집단성이 다시 대두할 수 있다는 뜻이다.

더구나 이젠 초연결의 시대다. 이미 아프리카 오지나 동남아시아의 개발도상국 사람들조차 데스크톱은 건너뛴 채 스마트폰을 이용하고 있다. 인프라가 많이 드는 랜선을 까는 대신 벌룬을 띄워 와이파이를 제공하는 방식으로 오지 깊숙이까지 스마트폰을 통해 모두가 연결되고 있다. 거기에 자동 번역 기술이 발달해서 외국어의 장벽까지 넘게 되면, 리처드 도킨스가 말했던 정보 DNA인 밈[meme]이 퍼져 나가며, 거대한 인간 의식의 집합체가 동일한 사고에 감염(?)되는 것이 가능할지도 모른다. 물론 인공지능이라는 변수가 특이점을 넘어서 비합리적인 인간의식 집합체의 폭주를 막을 수 있을지도 모르겠지만, 거꾸로 인간 집단의 의식을 조작하고 유도하는 것이 가능해진다는 뜻일 수도 있다. 그렇다면 인류에게 남는 질문은 하나다. "문자언어를 통해 인류가 어렵게 획득했던 개인은 어디로 갈 것인가?" 집단성이 대두하는 시대에, 홀로 선 개인들이 남아 있을 것인가. 바로 이 질문이 인류의 향방을 결정할 거라 본다.

프렌스키가 말한 성찰 능력이 사실 이 개인의 문제와 맞물린다. 결국 이 자질은, 초연결 시대에서 스스로를 분리해 혼자 생각하고 자기를 돌아보는 능력을 말한다. 더 나아가 후지하라 가즈히로가 『책을 읽는 사람만이 손에 넣는 것』에서 말한 대로, (많은 정보를 빠르게 처리할 수 없기에) 시청각 정보에 특화되어 늘 상대적으로 적은 정보량으로 살아가고, 늘 연결되어 있어 혼자 책을 읽고 사색하는 시간이 적어지면 그 다음 세대는 '책을 읽는 능력'이 좌지우지할 거라는 예언이 맞을지도 모르겠다. 홀로 선 소수의 개인들이 콘텐츠 제공자로 세상을 이끌고, 나머지 사람들은 이들이 제공하는 콘텐츠에 '좋아요'와 '공유' 등으로 반응하며 자신에게 들어온 생각이 자기 생각이라 믿으며 살게 될지도 모른다.

디지털 시대, 달라지는 교육

앞으로 역사와 철학부터 예술, 심리, 물리·생물학, IT 등을 아우르는 정보통합학이 부상할 거라는 예측이 있다. 학문 간의 경계를 넘나들며 모든 분야의 콘텐츠를 다룰 수 있는 학자들이 필요하게 될 것이다. 한 명의 학자가 자신의 콘텐츠를 만들어 조각 지식들을 유포하는 한편, 이들이 유포하는 지식들을 포괄하는 그물 같은 통섭력을 지닌 학자도 필요하다는 뜻이다.

이런 변화의 흐름을 읽는다면, 디지털 이주민 세대가 원주민 세대를 교육하는 지금 상황에서 우리가 할 수 있는 일은 무엇인지 생각해보게 된다. 무엇보다도 지금까지 문자언어로 쌓아온 인류의 정신적 문화유산을 다음 세대에 전달하기 위해서라도 말이다. 프렌스키는 디지털 원주민 세대를 위한 교수법으로 디지털 게임 기반의 학습을 주장한다. 논리적으로 구성되고 계획되어 학습목표를 향해 직선으로 나아가던 그간의 교육 방법을 바꿀 때가되었다는 것이다. 놀라운 주장이다. 그동안 수입 관리와 방향 설정을 위해 만들어온 교육 시스템을 부수자는 말이기 때문이다.

그는 주별로 두세 시간 배치되어 차례차례 앞에 배운 것을 발판 삼아 다음 단계로 나아가던 기존의 수업 구성이 아니라, 10분에서 15분 정도로 잘게 쪼개어 흩어놓고, 마치 유튜브에서 연관 동영상이 제시되듯 펼쳐두고 학생들이 필요나 관심에 따라 이리저리 이동하며 전체 수업을 들을 수 있게 구성하자고 제안한다. 그렇게 하면 하나의 주제를 깊이 있게 논리적으로 다루는 것이 불가능하다는 반론이 있을 수도 있다.

그러나 짧은 클립 영상이 유행하는 현상이 보여주듯, 요즘 10대와 20대들은 텔레비전을 시청할 때 본방을 사수하지 않는다. 포털 사이트에서 공개하는 짧은 하이라이트 영상들을 몇 개 보다가 거기에 끌리면 텔레비전으로 이동해 업로드된 프로그램 전체를 본다. 교육도 마찬가지가 될 거라고 본다. 조각으로 나누어진 여러 흥미로운 주제의 동영상들을 보다가, 더 깊은 내용이 궁금해지면 책을 읽거나 긴 강의를 들어야겠다 하는 형태로 바뀌지 않을까. 어쩌면 하이라이트 주제들을 주제별 동영상으로 만들어 유포한 후 본격적인 학습자들을 끌어들이는 방식으로 바뀔 수도 있다.

교육자 입장에서는 자신의 콘텐츠 중 하이라이트를 콕 짚어 10~15분으로 요약 제시하는 프레젠테이션 능력이 필요해질 것이고, 동시에 그 내용을 동영상으로 만드는 능력도 필요해진다. 5분짜리 비디오 클립을 만드는 데 최소 두 시간 혹은 하룻밤이 다가기도 하니, 기존의 디지털 이주민 세대 교육자들에게는 실로 악몽이 아닐 수 없다는 생각도 든다. 유튜브에서 찾아보면 감탄할 정도로 잘 만들어진 학습용 비디오 클립들이 있는데, 개념어 하나를 설명하자고 각종 애니메이션과 영화를 샅샅이 뒤져서 거기에 딱 맞는 장면을 찾아 편집해 넣기까지 대체 얼마의 시간을 투자했을지 생각하면 눈앞이 깜깜해지기도 한다.

어쨌든, 태어날 때부터 디지털 세상을 경험한 원주민 세대는 이미 디지털 세상을 자유로이 헤엄치며 살아가고 있다. 그들과 공생하기 위해 어떤 변화를 꾀해야 할지, 이제 디지털 이주민들의 몫이 남아 있을 뿐이다. 그 첫 단추는 교육에서 시작될 것이다.

(vol.115, 2018. 1-2)

디지털 정보는 책을 대신할 수 있을까

하루에 다섯 수레의 책을 읽어도

아이들이 책을 읽지 않는다. 알고 싶은 것이 있으면 검색을 한다. 만화책 대신 웹툰을 보고 소설보다는 유튜브에 나오는 스토리에 빠져든다. 부모들의 걱정은 점점 커진다. 디지털에 빠져들면 머리가 나빠진다고 말하는 전문가도 있고, 4차 산업혁명의 대비책으로 '책 읽기'가 전가의 보도인 것처럼 말하는 사람들도 많다. 혼란스러움에 부모는 독서 모임들을 기웃거리고, 교육당국과 지방자치단체도 도서관 시설을 강화하며 책 읽기를 장려한다.[1]

이재포 _ 디지털 교육 공동체를 지향하는 '협동조합 소요' 이사장.

책을 읽지 않는 세태에 대한 기성세대의 우려는 이해가 된다. 문자는 플라톤 이래로 지식과 정보를 보존하고 전달하는 거의 유일한 수단이었고, 독서는 오랫동안 지적 훈련과 지식 습득이라는 교육의 기본적인 기능을 실현하는 데 가장 중요한 방법이었기 때문이다. 그렇기에 부모 세대에게 책 읽기는 곧 학습이고 배움 그 자체이다.

2천여 년 전 장자는 사람 구실을 하기 위해선 수레 다섯 대 분량의 책을 읽어야[2] 한다고 했다. 종이가 아니라 대나무를 엮은 죽간에 쓰인 정보의 양은 그다지 많지 않았을 것이다. 요즘 책으로 치자면 수십 권 남짓한 그 양은 그 시대 지식인을 만들기에는 충분했을 것이다. 책의 시대가 끝나가는 지금은 어떨까? 세계에서 가장 많은 자료를 소장하고 있는 미국 의회도서관에는 1억 6,400만 건의 책과 자료가 있다.[3] 이 숫자는 구글이 집계한 근대 이후 출간된 책의 종수 1억 3천만 건과 비슷하다. 거기에 더해 매년 발행되는 신간의 양이 한국은 6만 종, 미국은 30만 종, 전 세계적으로는 2백만 종이라고 한다.

아이들이 눈을 떼지 못하는 디지털 화면 속으로 들어가보자.

---

1 문화체육관광부 국가도서관 통계에 따르면 2018년 기준, 전국의 도서관 수는 21,789개에 달한다.

2 혜시다방기서오거(惠施多方其書伍車): 장자의 잡편, 천하에 나오는 말로 후에 누보의 시 〈제백학사모옥(題柏學士茅屋)〉에서 남아수독오거서(男兒須讀伍車書)로 표현된다.

3 The Largest Library In The World, WorldAtlas.com

게임과 유튜브의 재밌거리 뒤에 펼쳐진 정보의 세계 말이다. 구글인사이드서치에 따르면, 검색에 노출되는 웹페이지의 수는 무려 60조 페이지이다. 더 놀라운 사실은 인터넷에는 구글 검색의 웹페이지보다 3천 배 분량의 정보가 더 있다는 것이다. 구글이 추정하는 인터넷 정보의 총량은 18해(1조의 10만 배) 페이지이고, 그것을 우리는 '셀 수 없다'로 이해해야 한다.

그 많은 정보 앞에 서 있는 아이들에게 몇 권의 책은 어떤 의미를 지닐까? 부모 세대의 어린 시절과 비교해보면 지금의 아이들이 훨씬 많은 정보를 받아들이고 있다. 교과서는 이전보다 훨씬 다양하고 깊은 지식을 담고 있고, 주변을 둘러싼 디지털 미디어는 재미있고 유익하고 풍부한 정보를 매순간 쏟아내고 있다. 그러니 이전보다 책을 덜 읽는 것은 아이도 어른도 마찬가지이다. 이런 추세는 한국만이 아니라, 우리보다 일인당 독서량이 훨씬 많은 나라에서도 나타나는 현상이다. 이는 책으로 상징되던 전통적인 지식 전달 체계의 변화를 의미한다.

지식의 시대에서 지능의 시대로

디지털 원주민이 처음으로 만나는 디지털 파고는 정보혁명이다. 그것은 단순히 정보의 형식을 아날로그에서 디지털로 바꾸는 데 그치지 않는다. 디지털 혁명은 생산과 유통, 소비방식뿐만 아니라 사람의 사고방식까지 변화시키고 있다.

디지털 형태로 존재하는 정보의 양과 늘어나는 속도는 인간의 처리 한계를 넘어섰다. 유럽의 연구기관인 신테프SINTEF는 2013년 당시 지구에 존재하는 데이터의 90퍼센트가 최근 2년간 만들어진 것이라는 조사 결과를 발표했다. 수천 년 동안 인류가 축적해온 데이터의 9배에 이르는 분량이 불과 2년 만에 만들어졌다는 것이다. 이후에도 그 속도는 갈수록 빨라지고 있다. 매순간 만들어지는 정보가 이전에 쌓아온 모든 것보다 많아지는 특이점의 도래가 멀지 않았다.

디지털 형식의 정보는 문자에서 이미지, 음성, 영상 등 멀티미디어로 진화하면서 더 풍부하고 접근하기 쉬운 방식으로 이해도와 수용성을 높여준다. 이미 보유하고 있는 70억 편에 이르는 영상에 더해 매 분당 4백 시간 분량의 새로운 영상들이 올라오는 유튜브에 사람들이 몰리는 것은 멀티미디어 시대의 도래를 의미한다. 웹의 하이퍼링크는 정보와 정보를 거미줄처럼 연결하여 관련 정보를 한 번의 클릭으로 찾아볼 수 있게 해준다. 책을 읽다가 모르는 것이 나왔을 때 사전이나 참고서적을 찾기 위해 들이던 수고가 더 이상 필요 없어진 것이다. 또 웹은 책처럼 정보의 순차적, 논리적 접근이 아니라 인간의 기억, 정보 처리 방식과 유사한 임의적인 접근이 가능하게 해준다.

디지털 시대의 또 다른 특징은 정보 전달 방식과 정보 소비자의 형태 변화이다. 인터넷은 전 세계 절반 이상의 사람들이 상호 작용하는 거대한 미디어 플랫폼으로, 정보의 전달 방식을 시차적 · 일방적 방식에서 실시간, 상호공유 방식으로 변화시켰다. 또 네트워크에서 사람들은 손쉽게 콘텐츠를 제작할 수 있는 디지털 기술에 힘입어 정보 '소비자'에서 직접 생산에도 참여하는 '프로슈머'로 변하고 있다.

인공지능의 등장과 그 영향 또한 강력한 변화를 이끌고 있다. 인공지능은 정보처리에 필요한 시간과 노력을 획기적으로 줄여주지만, 정보의 생산자이자 유통자로서 인간이 진위를 구별할 수 없는 정교한 가짜 정보를 생산하거나, 인간보다 훨씬 빠른 속도로 전파하여 정보 생태계를 교란하기도 한다. 인공지능은 아직 초기 단계이지만 그것이 가져올 파장은 예측조차 쉽지 않다.

이러한 변화가 의미하는 바는 명확하다. 위대한 현자의 시대, 즉 소수의 검증된 사람이 생산한 정보와 지식을 책이라는 고정된 형식으로 다수의 사람이 수동적으로 소비하는 시대가 끝났다는 것이다. 누구나 (심지어는 인공지능까지) 네트워크를 통해 실시간으로 생산과 유통에 참여하는 디지털 정보 환경은 우리가 정보를 처리하는 방법과 교육에 새로운 패러다임을 요구하고 있다. 이제는 정보 그 자체보다 그것을 수용하는 인간의 능력, 즉 지적 능력이 더 중요해졌고, 그런 의미에서 우리는 지금 지식의 시대를 넘어 지능의 시대를 살고 있다.

지능시대의 강력한 무기,
인공지능 번역기와 검색

'셀 수 없는 정보' 중에서 내게 필요한 것을 빠르고 쉽게 찾아 내는 능력은 디지털 교육의 첫 번째 과제이다. 인공지능에 기반 한 '검색'과 '번역기'는 지능시대를 살아가는 사람들에게 가장 강 력한 무기이고, 그것을 사용하는 능력은 디지털 리터러시 교육의 가장 기본이다.

검색은 인터넷에 있는 수많은 정보 중에서 원하는 것을 쉽고 빠르게 찾을 수 있는 유일한 방법이다. 키워드가 들어 있는 웹페 이지 중에서 관련성이 높은 것을 보여주는 간단한 알고리즘으로 시작된 검색은 인공지능과 결합하면서 검색 결과의 정확도를 획 기적 수준으로 끌어올리고 있다. 많은 사람들이 스스로 인터넷 검색을 잘 활용하고 있다고 생각하지만, 여전히 간단한 키워드 검색 수준에 머무르고 있는 현실이 안타깝다.

검색 서비스는 높은 수준의 기술과 빅데이터가 필요해 전 세 계적으로 소수의 회사만이 제공하고 있고, 지금은 구글이 가장 우위에 있다. 60조에 달하는 인덱스된 웹페이지와 수십억 시간 분량의 유튜브 영상 등 정보의 양과 질, 기술 수준에서 구글을 대 체할 기업은 없다. 대부분의 한국인들이 습관적으로 사용하고 있 는 국내 포털 검색은 그 이름이 무색하게 제 역할을 못하고 있다.

국내 검색은 인터넷 사이트의 0.9퍼센트에 불과한 한글 홈페이지에서만 정보를 가져와서 그 양이 절대적으로 부족하고, 회사의 지나친 수익성 추구로 인해 검색 결과가 광고성 정보 중심으로 보여진다.

검색할 때 구글 번역기를 함께 사용하는 것은 양질의 정보를 얻을 수 있는 기회를 넓혀준다. 구글 번역기는 100여 개의 언어로 된 정보에서 원하는 것을 찾아 자국어로 읽을 수 있게 해준다. 구글에서 독일의 철학자 '임마누엘 칸트'와 'Immanuel Kant'를 각각 검색해보면 한글 검색 결과는 14만 5천 건, 영어 검색 결과는 2,260만 건이다. 인터넷에서 영어는 지배적 위치에 있고 갈수록 강화되고 있다. 인터넷 사용자 기준으로 영어 사용자의 비율은 25.2퍼센트이지만, 영어로 만들어진 웹사이트는 상위 1천만 개의 54퍼센트에 달한다. 검색할 때 영어 키워드를 추가하는 것만으로도 이전보다 수십 배에서 수백 배의 정보를 받아들일 수 있다.

검색이 원하는 정보에 가장 쉽게 접근할 수 있는 유일한 방법이지만, 그것이 완벽하다는 의미는 아니다. 검색 알고리즘의 많은 진전이 있었지만 아직도 검색어나 문장의 맥락을 이해하지는 못한다. 예를 들어 "장미를 사랑하는 이유"라는 검색어로 정보를 찾을 때 김색엔진이 '장미'가 꽃인지 사람 이름인지 구분하지 못한다는 것이다. 때문에 검색기술의 놀라운 발전에도 '멍청이'라고 혹평하는 사람들도 있다.

하지만 그런 비판을 무색하게 할 수 있는 새로운 실험이 진행되고 있다. 작년 4월 13일에 구글은 '테드 2018' 콘퍼런스에서 사람의 질문을 이해하고, 그 답이 되는 책의 문장을 찾아주는 인공지능 기반의 '톡 투 북스'[4] 서비스를 선보였다. 검색어가 '포함'된 문장을 기계적으로 보여주는 검색이 아니라, 질문의 의미를 파악하고 영어로 쓰인 10만여 권의 책에서 그와 맥락이 통하는 대목을 찾아주는 것이다.

"언론의 자유는 왜 중요한가"라는 질문에 "자유언론의 주요 역할은 시민들의 더 나은 삶과 사회 발전을 위해 정보를 제공하는 것"이지만, "공공의 이익을 위한 독립된 소리라는 자유언론의 정신이 이익과 광고에 점점 더 종속되어 약화되고 있다"고 책에 있는 내용으로 대답한다.

구글의 도전은 검색을 단순히 도구가 아니라 인간의 지적 행위를 대신하거나 그것을 뛰어넘게 하는 것이다. '톡 투 북스'를 구글이 가지고 있는 2,500만 권의 디지털화된 책, 더 나아가 60조에 달하는 웹페이지에 적용시키는 것을 상상해보자. 세상의 모든 정보를 기억하고 어떤 질문이든 적절한 답을 주는 검색을 우리는 무엇이라 불러야 할까? 그런 검색이 가능하다면 인간의 지적 행

---

4 https://books.google.com/talktobooks

검색이 아직 답해주지 못하는 것, 진실

구글 톡 투 북스가 보여주는 먼 희망에도 불구하고, 현재의 검색은 찾아낸 정보의 '참과 거짓'을 판별할 수 없다. 판단은 여전히 인간의 몫인 것이다. 누구나 정보를 생산하고, 네트워크를 통해서 실시간으로 수많은 사람과 공유하는 디지털 시대에 가짜와 진짜 정보가 뒤섞이고 주장과 의견이 사실과 혼재한다.

검색에 대한 맹신과 오염된 정보의 만남은 '신뢰'의 위기를 낳고 있다. 최근 미국에는 '지구가 평평하다'고 주장하는 사람이 늘어나고 있다(2019년 내셔널지오그래픽 조사에 의하면 미국인의 2%가 지구평면설을 믿는다고 한다). 구글에 '평평한 지구Flat earth'라는 키워드로 검색하는 수가 최근 2년간 세 배로 늘었고, 미국의 조사기관 유거브YouGov에 따르면 미국 청소년(18~24세) 세 명 중 한 명은 지구가 둥글다는 사실에 확고한 믿음을 갖고 있지 않으며, 심지어 그들 중 4퍼센트는 지구가 평평하다고 믿고 있다.

'지구는 둥글다'는 너무나 자명한 사실을 부정하는 사람들이 늘어나는 것을 어떻게 이해해야 할까? 멜버른대학의 제니퍼 베킷Jennifer Beckett 박사는 전문가와 주류 언론에 대한 불신과 포퓰리즘의 확산에서 그 이유를 찾는다. 학문이 점차 복잡해지고 있는 우리의 삶과 사회 문제에 해결책을 주지 못하고 있는 현실과 인터넷으로 인한 정보의 자유로운 유통이 그동안 지식을 독점해온 사람들에 대한 불신을 가져왔다는 것이다.

소셜미디어는 이런 경향을 가속시킨다. 유튜브는 콘텐츠의 허브가 되고, 페이스북은 생각이 같은 사람들만을 엮어주고, 트위터는 끊임없이 메시지를 토해낸다. 소셜미디어의 영웅들은 전문가들보다 더 그럴싸한 이야기와 진정성 있어 보이는 모습으로 그들의 자리를 밀어낸다. 사람들은 오락을 위해 점점 더 소셜미디어에 의존하게 되고, 분노나 행복감 또는 다른 강렬한 감정을 불러일으킬 수 있는 이야깃거리를 찾는다.

이런 환경에서 잘못된 정보와 지식은 쉽게 전파된다. 인터넷에 나오는 정보는 모두 맞다고 믿는 아이들이 올바른 미디어 소비를 할 수 있게 하기 위해서는 정보에 대한 즉각적이고 감정적인 반응에 스스로 의문을 제기하고 다양한 정보를 기반으로 사실을 확인할 수 있는 습관과 비판적 사고를 길러주어야 한다.

최근 미국과 유럽을 중심으로 디지털 교육에서 강조되고 있는 미디어 리터러시 교육은 디지털 환경에서 가짜뉴스 혹은 엉터리 정보가 만들어지고 확산되는 메커니즘과 그것을 받아들이는 사람들의 심리적 메커니즘을 가르치는 데 초점이 맞추어지고 있다. 아이들은 가짜뉴스를 직접 만들어보기도 하고, 찾아낸 정보를 다양한 정보 출처를 통해 비교 검토하고 확인하는 습관을 익힌다.

1970년대 매튜 리프만Matthew Lipman에 의해 시작된 '아이들을 위한 철학교육(P4C: Philosophy for Children)'[5]은 아이들에게 깊이 있는 사고력을 키워주기 위한 것으로 영국을 비롯한 유럽에서 확산되고 있다. 철학자들의 사상을 가르치는 것이 아니라, 아이들에게 다양한 생각 거리를 던져주고 주제와 관련된 질문을 찾아내어 그에 대한 생각을 자유롭게 나누게 한다. 아이들은『아낌없이 주는 나무』에서 모든 것을 요구하는 아이의 행동이 옳은 것인지를 묻거나, 심장 이식이 필요한 사람이 자신의 몸을 관리하지 않는데도 장기 기증을 해야 하는지에 대해 생각을 나눈다. 이 교육의 목표는 정해진 답을 주는 것이 아니라 복잡한 상황에서 답을 찾기 위한 질문을 구성하는 능력과 토론 과정에서 철학적 사고방법을 길러주는 데 있다. 그런 점에서는 소크라테스의 문답식 교육의 부활이라 할 수 있다.

2013년부터 학교교육에 '철학'을 도입한 아일랜드의 대통령 마이클 히긴스는 철학이 '더 복잡하고 불확실한 세상에서 자유롭고 책임 있는 행동을 할 수 있게 힘을 실어주는 강력한 도구의 하나'라고 주장한다. 그는 생각이 다른 상대방에 대한 두려움, 분노, 편견이 만연한 디지털 사회를 살아가기 위해서는 철학을 통한 비판적 사고를 어릴 때부터 키우는 것이 중요하다고 강조하며 '검

---

[5] https://en.wikipedia.org/wiki/Philosophy_for_Children

색'으로 해결할 수 없는 과제, 즉 질문을 던지고 답할 수 있는 능력을 갖추어야 한다고 말한다. 인공지능이 가져올 윤리적 파장은 무엇이고, 디지털 사회에서 부의 분배는 어떻게 이루어져야 할지에 대한 것들이다.

정보가 아니라 지혜를

이전에는 상상하지도 못했던 많은 정보에 접근할 수 있다고 더 나은 삶과 사회가 된 것은 아니다. 넘치는 가짜뉴스와 증폭되는 사회 갈등 등, 지능만으로 해결할 수 없는 새로운 도전이 우리 앞에 있다.

정보가 아무리 늘어나도, 또 그것을 처리할 수 있는 지능이 아무리 뛰어나도 여전히 '옳고 그름'의 윤리적·실천적 판단 문제가 남아 있다. '옳고 그름'의 판단은 둘 중 하나를 선택하는 문제가 아니라 연속되는 스펙트럼 사이에서 이루어지는 것이다. 개인의 선택에는 한 사회의 문화와 규범적 가치의 일관성이 큰 영향을 미친다. 따라서 그 선택의 복잡성을 이해하고 공동체가 추구하는 정의의 맥락 속에서 주체적으로 판단할 수 있는 능력을 길러주는 것이 디지털 교육의 마지막 과제가 되어야 한다. 그것은 정보와 지식을 뛰어넘어 사회적 가치와 윤리, 그리고 공동체 의식의 교육, 곧 지혜를 가르치는 것이다.

아이뿐만 아니라 어른도 책을 읽지 않는다. 게을러서가 아니라 책이 더 이상 그들이 필요로 하는 정보와 지식을 주는 유일한 수단이 아니라는 것을 본능적으로 혹은 경험적으로 알기 때문이다. 우리가 걱정해야 할 것은 '책을 읽지 않는 아이'가 아니라 책을 대신하는 새로운 환경에 대한 우리 자신의 무지와 아이들에게 아무런 준비도 해주지 못하고 있는 지금의 교육 현실이다. "나는 내가 아무것도 모른다는 것을 안다"는 소크라테스의 성찰이 필요한 시대다.

(vol.123, 2019. 5-6)

스마트한 시대의 디지털 육아

디지털 환경에서 자라는 아이들

저는 어린이와 청소년들의 디지털 미디어 교육과 학교교육에서 이루어지는 디지털 교육에 관심을 가지고 연구를 하고 있습니다. 오늘 강의를 신청하신 분들께 미리 질문을 받아봤더니, 아이가 게임이나 휴대폰을 너무 좋아한다, 아날로그식 육아를 하고 있는데 굳이 디지털 육아를 해야 하나, 연령별로 어떻게 교육해야 하는지 모르겠다, 무조건 금지해야 하나, 학습용으로 나오는

정현선 _ 경인교대 국어교육과 교수. 서울시립청소년미디어센터 운영위원, 한국정보화진흥원 정부문화포럼 위원으로 활동하고 있다. 『미디어 교육과 비판적 리터러시』, 『시작하겠습니다, 디지털 육아』를 썼다. 이 글은 강연을 풀어쓴 것이다.

콘텐츠들을 잘 활용하고 싶은데 방법을 모르겠다, 이런 고민이 많으시더라고요. 여러분의 관심사와 오늘 강의 주제인 '변화하는 미디어 시대의 현명한 디지털 육아법'이 맞닿아 있다는 생각이 듭니다.

디지털 육아digital Parenting라는 개념이 최근 많은 집중을 받고 있는데요. 이 말이 낯설게 들릴 수도 있지만, 디지털 미디어와 자녀 교육이 연관되어 있다고 생각하시거나 기기를 이용해 육아에 관한 조언을 구하거나 사용하고 계신다면, 혹은 부모가 디지털 기기를 사용하는 모습을 자녀에게 노출시키고 있다면 이미 디 지털 육아를 하고 계신다고 볼 수 있어요. 같은 반 부모들이 단체 채팅방을 만들어서 서로 교육에 관한 정보를 주고받는 것도 다 디지털 육아에 해당되지요.

인터넷, 스마트폰, 태블릿 PC 등 디지털 미디어를 이용하는 부모들에 의해 자녀들의 디지털 미디어 이용과 노출 시기가 앞당겨지고 있습니다. 2005년 인터넷진흥원에서 만 3~5세 아이들이 부모에 따라 디지털 미디어에 어떻게 노출되어 있는지 조사해 발표했는데요. 이에 대해 언론에서는 '디지털 베이비'가 탄생했다고 보도를 했습니다. 아이들이 문자를 체계적으로 습득하기 전에 영상을 먼저 보면서 자라게 된다는 점에 주목한 것입니다. 이런 변화가 현실 인식과 학습에 어떤 영향을 미치는지 예의주시할 필요가 있다는 조사였죠. 이런 동향은 어린이와 청소년의 삶에 큰 영향을 주는 디지털 환경에 대해 부모가 이해할 필요가 있고 가정에서의 이용 교육이 매우 중요하다는 것을 말해줍니다.

우리 사회는 유아동의 디지털 기기 이용에 대해 대체로 제한과 통제 중심의 교육을 권하고 있어요. 하지만 부모는 혼란스럽습니다. 정보사회에서 언제까지 통제해야 하는지도 고민이고, 그렇다고 무작정 허용할 수도 없으니까요. 저는 미디어 교육 연구자로서 부모들이 통제만 하지 말고 이용 방법을 직접 가르쳐주고 좋은 것은 권해주는 적극적인 태도가 필요하다고 생각해요.

자녀가 디지털 사회에서 자율적으로 자신과 주변 사람들을 보호하면서 현명하게 행동할 수 있도록, 더 나아가 디지털 미디어를 활용해 경제활동을 할 수 있도록 지원하기 위해서는 부모가 먼저 전반적인 미디어에 대해 이해할 필요가 있습니다.

리터러시literacy라는 개념에는 읽기, 쓰기가 포함되어 있습니다. 단순한 문장력이나 독해력이 아니라 이해하고 평가하고 활용해서 생산해낼 수 있는 능력을 말하는데, 우리나라 말로는 정확히 번역이 안 되는 독특한 개념이죠. 디지털 리터러시는 전통적인 읽기, 쓰기뿐 아니라 키보드 조작이나 휴대전화 사용과 같은 기술, 그리고 웹사이트나 응용 프로그램을 탐색하는 데 필요한 문제해결 기술과 같은 도구적 사용 능력을 포함합니다. 부모가 의도치 않아도 디지털 미디어가 제공되는 환경 속에서 살고 있는 요즘 유아들은 스스로 일정 정도 디지털 리터러시의 유창성을 발달시키고 있는 거죠.

디지털 정보에 대한 비판적 이해, 생산, 활용 능력을 키워가는 데에는 디지털 미디어에 대한 많은 무의식적 체험이 뒷받침됩니다. 그 체험의 질이 높다면 더 좋겠죠. 그러나 디지털 미디어에 대한 교육을 부모가 혼자 책임져야 한다고 말씀드리는 것은 아닙니다. 많은 육아서들이 유용한 조언을 하기도 하지만 부모가 아이의 인생을 책임져야 된다, 엄마가 정신을 똑바로 못 차리면 애 인생 망친다는 식의 이야기를 하는데, 매우 위험한 생각이죠. 왜 모든 교육을 부모가, 특히 엄마가 해야 합니까? 교육의 많은 부분은 학교에서 해야 하고, 어떤 건 국가가, 어떤 건 시민단체가 해야 하거든요. 그럼에도 디지털 육아를 말하는 것은 디지털 미디어에 대한 아이들의 경험이 가정에서 시작되기 때문입니다. 부모는 가장 기초적인 것만 해줄 수 있으면 돼요. 부모가 조금만 알고 있으면 좀 더 좋은 체험을 제공해줄 수 있으니까요.

미디어에 대한 부모의 인식과 대처법

다정하고 따뜻한 디지털 육아, 그리고 보다 현실적이고 미래지향적인 자녀교육을 위해 디지털 미디어를 바라보는 시각의 균형을 찾아야 합니다. 자녀의 미디어 이용에 관한 조언은 위험성을 강조하는 쪽으로 기울어져 있어요. 너무 자극적인 것에 자주 노출되면 어지간한 자극에는 뇌가 반응하지 않아 일상생활이 무감각해진다는 '팝콘 브레인' 이론이 대표적이에요. 미디어 때문에 아이들 뇌가 비정상적으로 변한다는 설까지 있으니, 그야말로 부모들에게 공포심을 불러일으키기 충분하죠.

하지만 디지털 미디어 이용이 가져오는 기회와 혜택도 생각해 볼 필요가 있어요. 다양한 연구 결과와 주변 경험을 참고하여 막연한 불안감이나 죄책감에서 벗어나야 합니다. 이를 뒷받침하는 다양한 연구 결과들이 있어요. 뇌과학자 다프네 바벨리어Daphne Bavelier 교수는 '비디오 게임을 하는 당신의 두뇌'라는 테드TED 강연에서 정기적으로 액션 게임을 하는 사람들은 주의력과 관련된 두뇌 부분이 더 활성화되어 특정한 대상을 찾는 과제를 보다 효과적으로 수행할 수 있다는 걸 증명하기도 했어요. 온라인 게임과 학업능력 간의 상관성 연구도 있었는데, 온라인 게임을 하는 학생들의 성적이 나쁠 것이라는 상식을 뒤집은 결과가 나왔어요. 이 점이 유의미하다고 봐요. 물론 온라인 게임과의 상관성을 연구한 것이지 학업능력을 향상시키는 원인이 온라인 게임이라고 주장한 것은 아니니, 해석에 주의가 필요합니다.

유아들의 디지털 미디어 이용이 학습에 미치는 영향을 연구한 것 중에는 텔레비전을 본 아이들의 집중력이 높아졌다는 결과도 있어요. 1969년에 교육용 텔레비전 프로그램으로 제작되어 140개 이상의 국가와 지역에서 방영되는 〈세서미 스트리트〉는 디지털 미디어가 어린이들의 집중력을 향상시켜 교육적으로 의미 있는 내용을 가르칠 수 있다는 사실을 입증하기도 했죠. 어린이들은 내용을 이해할 수 있는 정도에 따라 집중력을 재빨리 조절하며 자신의 이해력을 키워가기도 합니다.

이 자리에서 일일이 언급할 수 없지만 제가 최근에 쓴 책에서도 언급했듯이, 미디어가 아이들에게 유해하다는 걸 반박할 수 있는 수많은 연구들이 있어요. 디지털 미디어는 아이들에게 유해하기만 한 것이 결코 아닙니다. 도움이 되는 경우도 많아요. 그러니 부모가 먼저 두려움과 죄책감을 떨쳐야 균형감 있는 미디어 교육을 할 수 있습니다.

연령별 디지털 미디어 교육

요즘 디지털 베이비가 스마트폰을 최초로 사용하는 시기는 평균 2.27세라고 합니다. 주중에는 하루 평균 30분 정도, 주말에는 40분 정도 이용하는 것으로 나타났는데, 하루 1시간 이상 사용하는 영유아도 열 명 중 한 명꼴이에요.

부모들이 영유아 자녀에게 영상 매체를 틀어주거나 스마트폰을 보여주는 가장 큰 이유는 아이가 매체를 보는 동안 미처 다 하지 못한 집안일을 하거나 휴식을 취하기 위해서죠. 손가락 까딱할 힘도 없을 때, 식당이나 마트에서 아이가 떼를 쓰거나 울고 보채서 다른 사람들 눈치가 보일 때 스마트폰은 특효약처럼 여겨집니다. 그러다 보니 아이에게 미안한 마음이 들면서도 어쩔 수 없이 스마트폰을 쥐어주는 경우가 많죠. 그런데 이것은 제대로 된 '활용'이 아닙니다. 미디어를 아이 달래는 수단으로 사용해서는 안 돼요. 습관적으로 들려주다 보면 어느새 스마트폰 없이는 스스로 집중할 거리를 찾을 수 없거든요. 아이 스스로 자기의 불편한 감정을 조절하기 위해 다른 수단을 찾는 데 방해가 될 수 있다는 말입니다. 하루하루 고된 육아에 치이는 부모들의 처지를 모르지 않지만, 영유아들은 스스로의 결정이 아니라 부모에 의해 디지털 미디어에 노출되는 만큼 부모가 원칙을 바로 세울 필요가 있다는 말씀을 드리고 싶어요.

미국 소아과의사협회에서는 18개월 무렵까지는 미디어 노출을 막는 것을 권장합니다. 손을 움직이면서 구조화되지 않은 놀이를 통해 언어, 인지능력, 사회적 정서적 기술을 발달시키는 시기거든요. 눈앞에 있는 사람과의 실제적인 상호작용을 통해 언어, 표정, 몸짓을 배우고, 영상 미디어의 독특한 관습에 따른 의미, 상징적 이미지는 받아들이지만 서사가 있는 이야기는 이해할 수 없는 시기입니다. 만 2세 이하의 아이들은 엄마, 아빠의 목소리, 얼굴 표정, 몸짓, 언어를 이해하고 집 안이나 자주 오가는 동네 길거리를 알아보고 기억하는 것만으로도 버찹니다. 또한 이시기 아기들이 언어를 듣고 이해하며 말하게 되려면 반드시 사람과의 직접적인 상호작용이 필요합니다. 여러 가지 실험이 있었지만 오디오나 스크린 기반의 전자 미디어는 이 시기 아이들의 언어 학습에 아무런 효과가 없었죠.

18개월 이상 만 2세 미만의 영아들은 질 높은 텔레비전 프로그램이나 스마트폰 응용 프로그램을 부모와 함께 보는 것이 좋습니다. 만 2세 이상은 질 높은 프로그램을 하루에 1시간 이내로 보여줄 것을 권하지만, 이때 중요한 것은 되도록 부모와 많은 상호작용을 하면서 함께 보라는 거지요. 조심해서야 할 것도 있어요. 지나치게 이른 시기에 사용하거나, 혼자 미디어를 조작하는 것, 밥을 먹으면서 미디어를 이용하는 것, 잠들기 한 시간 전에 이용하는 것 등은 되도록 피해야 합니다.

또 스마트 기기를 통해 영상물을 보여줄 때는 스마트폰보다는 태블릿 PC를 이용하는 것이 좋다고 봐요. 화면이 커서 눈 건강에도 낫고 책상에 세워놓고 의자에 앉아 볼 수 있기 때문에 오랫동안 고개를 숙이지 않아도 된다는 장점이 있거든요. 유모차에 태우고 아이 손에 스마트폰을 들려주는 건 되도록 삼가야 합니다. 일단 목 건강, 허리 건강에 안 좋아요. 휴대폰은 아이들이 오래 들고 있기에 꽤 무거운 기계예요. 태블릿 PC를 사용할 때는 배터리가 얼마 남지 않은 상태에서 보여주는 것도 지나친 시청을 방지하는 데 도움이 됩니다. 배터리가 부족해 기계가 꺼지는 현상을 경험하게 하며, 더 보고 싶어 하는 아이를 납득시킬 수 있어요. 불

필요한 갈등을 예방하는 데 도움이 되는 방법이죠.

네 살 이후는 본격적으로 활용 교육을 할 수 있는데요. 네 살이 넘으면 자아가 발달하고 좋아하는 미디어가 생기면서 그로 인한 실랑이도 잦아지는 시기입니다. 만 5세 정도가 되면 아기들이 보는 시시한 프로그램과 자신들이 좋아하는 프로그램을 적극적으로 구분하기 시작해요. 교육용 목적이 두드러진 프로그램보다는 오락용 프로그램을 선호하는 경향을 보이기도 하고요. 이럴 때는 부모가 일방적으로 시청 시간과 내용을 제한하며 끌고 가는 것이 아니라, 자녀가 좋아하는 미디어의 재미 요인에 대해 이해하고 대화하는 노력을 기울일 필요가 있어요.

가장 자연스러운 것은 아이가 관심을 보일 때 부모 자신이 일상생활에서 사용하는 컴퓨터나 스마트폰의 촬영, 녹음, 메신저, SNS, 게임 등 다양한 기능에 대해 아이들에게 알려주는 것입니다. 컴퓨터 키보드나 스마트폰 화면을 터치해 글자를 쓰는 모습, 전송 버튼을 눌러 상대방에서 메시지를 전달하는 모습, 스피커 버튼을 눌러 상대방과 통화하는 모습 등 일상을 보여주는 거죠. "지금, 멀리 있는 사람에게 편지를 보내는 거야" "엄마가 궁금한 것이 있어 찾아보는 거야" 같은 말로 다른 사람과 소통하고 상호 작용하는 상황을 설명하면 아이에게 이해시키고 미디어의 기능을 자연스럽게 알려줄 수 있습니다. 사실 이미 많은 부모들은 은연중에 자신의 행동을 통해 미디어 교육을 하고 있는 셈이지요.

아이와 함께 요리를 하고 빨래를 개며 집안일에 대한 감각을 익혀가는 것처럼 전문가가 아니라도 누구나 아이에게 어느 정도 자연스럽게 미디어 교육을 할 수 있습니다.

영유아기를 벗어난 어린이와 청소년들의 경우 일상생활과 학교생활에서 컴퓨터와 스마트폰을 다양한 목적으로 활용하고 있습니다. 부모가 일일이 가르치는 것이 아니라 미디어를 자연스럽게 이용하면서 그 기능을 익히는 거죠. 아이에게 디지털 기기를 이용해 놀이를 만들어보게 하면서 아이가 좋아하는 것, 관심사, 즐거움을 느끼는 것에 대해 대화의 소재와 협의점을 찾을 수 있습니다. 보는 것에서 끝나는 것이 아니라 스톱모션 같은 것으로 영상을 만들어내는 과정을 보여주는 것도 방법이죠.

디지털 미디어의 장점은 이용자가 주도적으로 활동에 참여하고 공유하기 편리하다는 겁니다. 요즘 초등학교에서 스마트폰을 활용해 체험학습 보고서를 쓰게 하는 교사들도 많아졌지요. 평소 글쓰기를 힘들어하던 학생들도 미디어를 이용하면 주도적으로 보고서를 쓴다고 해요. 자신이 겪은 일을 생생한 사진이나 이모티콘을 활용해서 기록하니까 신이 나서 숙제를 하더라는 거죠.

물론, 미디어는 빠르고 편리한 만큼 폭력적이고, 선정적이고, 상업적이고 정확하지 않은 가짜 정보에 쉽게 노출될 수 있다는 위험도 있습니다. 하지만 문제가 있다고 스마트폰을 사용하지 못하게 하거나 사용을 제한하는 등 부정적 방법만 강조하는 건 근본적인 해결책이 아니에요. 카카오가 청소년폭력예방재단과 함께 초등학생을 대상으로 '사이 좋은 디지털 세상' 교육을 진행했는데, 개인정보 보호, 사이버폭력에 대한 개념 이해, 대처법과 도움법 모두 높은 교육 효과가 나타났어요. 무조건 금지할 게 아니라 아이들 스스로 미디어를 목적에 맞게 비판적으로 수용하며 잘 활용할 수 있는 방법을 익히도록 돕는 교육이 필요한 거죠.

미디어는 또 다른 소통의 도구다

미디어는 원래 소통의 도구입니다. 인간은 의사소통을 하지 않고서는 살아갈 수 없는 존재잖아요. 디지털 미디어는 우리가 예전부터 사용해왔던 미디어들, 예를 들어 책, 편지, 신문, 만화, 사진, 영화, 전화, 라디오 등과 공존하다가 이들의 기능을 흡수했죠. 이 모두를 노트북이나 스마트폰, 태블릿 PC 같은 하나의 단말기로 전부 대신할 수 있게 된 거예요. 초연결, 인공지능, 빅데이터 등으로 대표되는 4차 산업혁명 시대에는 디지털 미디어가 작동하는 방식을 잘 이해해야 올바로 현실을 파악하고 다른 사람과 소통하고 사회에 참여하며 살아갈 수 있습니다. 그러니 꼭 해야 한다, 안 된다는 둘 중 하나의 선택은 아니라는 말씀을 드리고 싶어요. 디지털 미디어 세상은 지면과 공간을 넘어선 광범위한 개념의 소통 공간입니다.

다른 육아법이 그렇듯, 디지털 육아에도 하나의 정답은 없습니다. 연령별로 다른 접근이 필요하고, 영아기를 벗어나면 좀 더 열린 마음과 모험정신이 필요합니다. 영유아기 이후에는 디지털 미디어를 아이의 놀이 친구로 보는 시각이 필요합니다. 아이의 정서 상태에 민감하게 반응해주는 부모, 다정한 부모가 되어 자녀와 함께 좋은 미디어를 고르고 이용하면 좋겠습니다. 부모의 관심사와 허용에 따라 아이는 부모와 할 수 있는 이야기와 할 수 없는 이야기를 결정하고, 자신의 선택에 관한 이야기를 부모 앞에서 할지 말지 결정합니다. 자녀 스스로 판단할 수 있는 기준을 세워주고 대화하며 한 발짝 물러나 있을 필요가 있습니다.

디지털 육아는 원칙 있는 따뜻한 육아가 되어야 합니다. 디지털 미디어를 일상생활과 공부의 방해꾼으로 바라보는 시각에서 벗어나 아이들이 살아가는 환경이자 친구와 같은 존재로, 새로운 정보를 접하고 배우며 즐거움을 찾는 소통과 문화의 공간으로 바라보아야 합니다. 그러려면 먼저 부모가 자신을 돌아봐야 합니다. 부모가 과의존 위험군일 때 자녀 역시 과의존 위험군에 속할 확률이 훨씬 높으니까요.

좋은 부모 되기가 정말 쉽지 않죠. 저도 늘 좌충우돌합니다. 육아에 하나의 정답은 없고요. 아이마다 성향, 상황, 부모와의 관계가 다 다르지요. 다만 부모는 아이가 내 맘대로 되지 않는 존재라는 것을 잘 알아야 합니다. 아이가 살아갈 세상에는 디지털 미디어가 함께할 수밖에 없어요. 그 사실을 받아들이고 거기서 출발해서 '내가 어떻게 좀 도와줄 수 있을까' 정도인 것이죠. 때로는 갈등과 충돌이 발생하고 원칙이 흔들릴 수도 있지만 디지털 미디어 교육은 관심을 가지고 가르쳐야 한다는 사실을 기억해주셨으면 좋겠습니다.

"아이들이 현재와 미래에 맞닥뜨리게 될 온갖 도전을 슬기롭게 헤쳐나갈 수 있도록 도움을 주기 위해서는 어린이와 미디어의 관계에 대해 보다 현실적이고 종합적으로 이해할 필요가 있다." 저를 가르쳐주신 선생님이기도 한 세계적인 미디어 교육 연구자인 데이비드 버킹엄 교수가 한 이 말에 저는 깊이 공감합니다.

아이가 처음 자전거를 배울 때를 생각해보세요. 부모가 뒤에서 계속 붙잡고 있지 않잖아요. 처음엔 잡아주다가 적당한 때에 손을 놔야 해요. 아이가 넘어져 다쳤다고 자전거를 그만 타게 하지는 않죠. 넘어지면서도 연습하는 그 아슬아슬한 모습을 가슴 졸이며 지켜보다 보면 어느 순간 아이 혼자 저만치 쌩하고 달려 나갈 수 있게 되잖아요. 미디어 교육을 비롯해 세상을 배워나가는 다른 일도 저는 마찬가지라고 생각합니다.

(vol.112, 2017. 7-8)

넘치는 교육 콘텐츠 속에서
중심 잡기

기술에 따라 변하는 학습 형태

기술의 발달에 따라 교육 패러다임이 급속도로 바뀌고 있다. 이러한 변화는 지금까지의 교육 문제들을 해결하는 혁신이기도 하면서, 새로운 국면의 문제와 맞닥뜨리는 일이기도 하다.

지금까지 교육은 항상 교육자, 즉 가르치는 사람 중심이었다. 교육 문제라고 불리는 것들도 대부분 가르치는 사람과 관련되어 있었다. 예를 들면 '누가 누구를 가르칠 것인가' '어떻게 가르칠 것인가' '무엇을 가르칠 것인가' 같은 것들이다. 교육을 이야기할

유석영 _ 강의와 코칭을 하다가 현재는 IT 스타트업에서 조직관리를 맡고 있다. 이 글은 2019년 9월에 쓴 것을 보완한 것이다.

때 항상 공교육이나 대학을 중심으로 이야기가 되는 이유도 교사나 교수 등 한정된 소수만이 가르칠 수 있었기 때문이다.

하지만 이러한 교육자 중심의 패러다임이 기술의 변화에 따라 학습자 중심으로 변해가는 중이다. 소수만이 교육을 담당하던 과거와 달리 누구나 다양한 채널을 통해 얼마든지 교육할 수 있게 되면서, 교육 패러다임의 주체가 교육자에서 학습자에게로 옮겨가고 있다. 수동적인 교육의 수혜자이자 피해자였던 학습자가 이제는 교육의 성패를 가르는 주체로 떠오르고 있는 것이다.[1]

소외 계층을 포용하는 온라인 교육의 장점

이러한 변화는 디지털 기술이 교육의 공간적·시간적 한계를 극복하면서 시작되었다. 오래전부터 사회에는 교육을 받고 싶어도 받을 수 없는 아이들이 많았다. 이를테면 도서 산간 지역의 아이들이나 생계를 위해 일을 해야 하는 아이들, 혹은 법적·문화적 이유로 학교에 갈 수 없는 아이들, 일반 학교에 적응하기 어려운 아이들, 나이가 많아 학교를 다닐 수 없거나 배움의 기회를 갖지 못한 어른들 등등….

---

[1] 2020년 코로나 팬데믹으로 언택트 시대가 감당할 수 없을 만큼 빠른 속노로 앞당겨졌다. 우리는 미처 대비하기도 전에 학습자 중심의 교육 문제들을 해결해야 하는 상황에 놓였다.

지금까지의 교육 소외 문제는 학교 외에는 배울 수 있는 곳이 없기 때문에 발생했다. 이런 교육의 접근성 문제를 해결하고 있는 온라인 플랫폼으로 에누마, 칸아카데미 등이 있다. 미국 실리콘밸리의 교육기업 '에누마'는 개발도상국 아이들의 읽기나 쓰기, 셈법 등을 가르치는 앱을 만들어 각 나라의 환경에 맞게 제공하고 있다. 2006년 살만 칸이 만든 비영리 교육 서비스 '칸아카데미'는 웹사이트를 통해서 초중고 수준의 교육부터 물리학, 금융, 컴퓨터공학 등 높은 수준의 교육 콘텐츠까지 제공하며 접근성을 넓히는 중이다.

이러한 변화는 자연스럽게 기존의 다양한 교육 문제들을 해결한다. 학교에 가지 못해도 누구나 공부할 수 있고, 정답 맞히기 식 입시 경쟁을 거치지 않더라도 누구나 명문대 수준의 강의를 들을 수 있다. 이제 우리 삶에서 온라인 강의는 너무나 익숙하며, 전문 지식이나 고급 정보도 인터넷에서 얼마든지 찾을 수 있다. 때문에 교육 소외 문제는 더 이상 교육의 문제만이 아니라 정보 격차에 따른 문제로 확대되고 있다.

다양한 것을 다양한 이들에게 배울 수 있는

학교에서 가르치는 것만 배우는 시대는 끝났다. 요즘은 세상의 거의 모든 것들을 온라인에서 다 배울 수 있는 것 같다. 정보의 접근성만 늘어난 게 아니라 정보의 양과 질도 폭발적으로 성장했다. 요리나 패션, 면접 잘 보는 법 등 온갖 사소한 것까지 모두 인터넷에서 학습할 수 있다. 한때는 '온오프믹스' 같은 온라인 플랫폼에서 오프라인 교육을 신청할 수 있었다면, 이제는 아예 교육만을 위한 온라인 플랫폼이 우후죽순 생겨났다.

'탈잉'은 세상의 모든 재능을 사고팔 수 있는 플랫폼으로, 소소한 재능을 가진 일반인도 '잉여 탈출'하여 누군가를 교육하고 돈을 벌 수 있게 만들었다. 비슷한 교육 플랫폼인 '클래스101'은 학습을 위한 준비물까지 챙겨주는 온라인 클래스로, 누구나 집에서 원하는 걸 배울 수 있는 사회를 만들어가고 있다. 이러한 플랫폼들의 특징은 뜨개질, 베이킹, 유튜브, 재테크, 외국어 학습 등 세상의 별별 콘텐츠를 다 제공한다는 점이다. 교육·학습 플랫폼 기업의 가장 중요한 과제는 교육 콘텐츠를 가진 크리에이터들을 적극적으로 영입하는 것이 되었다.

누구나 교육자가 되어 다른 사람을 가르칠 수 있는 시장이 형성되면서 다양한 부가 서비스들도 생겨나고 있다. '별별선생'은 강사들에 대한 후기와 평가를 볼 수 있는 강사 플랫폼이다. 최근 기업의 댓글 알바나 경쟁 강사의 악성 댓글 등으로 논란이 있었던 만큼, 별별선생은 학생들에게도 강사들에게도 환영을 받고 있다. '콜로소'는 아예 믿을 만한 사람만 섭외한다. 이런 사이트를 통해 누구나 최현석 셰프처럼 유명한 전문가에게 배울 수 있는 기회가 열렸다.

아예 사람이 아니라 인공지능이 가르치기도 한다. '매스프레소'는 수학 풀이와 학습 콘텐츠를 제공하는 애플리케이션 '콴다'를 운영 중이다. 수학 문제를 찍어서 앱에 업로드하면 5초 내에 풀이법을 찾아주며, 학습에 필요한 지원 서비스까지 제공한다. 이렇게 교육의 주체가 점점 더 다양해지면서 이제는 '누가 가르치느냐'보다 누가 가르치든 콘텐츠는 널려 있으니 '학습자가 어떻게 더 잘 학습하게끔 만드느냐'가 더 중요해지고 있다.

학습자 중심의 자기주도형 성장

학습 방법도 변모하는 중이다. 일방향으로 소수의 교수자가 내용을 전달하던 주입식 교육에서 벗어나 학습자가 스스로 성장할 수 있는 자기성장형 학습법으로 바뀌고 있다.

가르치는 이의 역할을 이제는 '티칭teaching'이 아니라 '코칭coaching'이라고 한다. 코칭 과정에서는 정답을 알고 있는 선생님이 아니라 학습자를 도와주는 코치가 있다. 코치는 자기 지식이나 생각을 전달하기보다는 학습자가 스스로 사고를 확장하고 답을 찾을 수 있도록 '질문'하는 역할을 맡는다. 교실에서도 일방적인 강의가 아니라 학생들 스스로 사고할 수 있는 형태의 교육 방법론이 뜨고 있다.

거꾸로교실flipped learning도 그중 하나다. 하버드대학에서 시작된 교육 방법 중 하나로, 학습자에게 온라인 강의나 학습 자료 등을 미리 제공하여 각자 공부하게 한 뒤 수업시간에는 토론이나 상호 교육 등을 진행하는 방식이다. 경기도교육청의 '몽실학교'에서는 학생들이 직접 원하는 과목을 만들고, 커리큘럼을 짜서 스스로 학습한다.

일반 성인교육에서도 '강의'보다 '스터디' 형태가 늘어났는데, 차이점은 해당 분야의 전문가가 일방적인 강의를 하는 게 아니라 학습자들의 학습을 가이드하고 촉진하는 퍼실리테이터로 활동한다는 점이다. 예를 들어 클럽장이 리드하는 독서모임 서비스 '트레바리'나 코치가 과제를 내주고 피드백하며 스터디를 리드하는 '스터디파이' 등이 있다.

학습자 의지에 달린 교육의 성패

교육 콘텐츠가 넘쳐나기 때문에, 이제 학습의 성패는 '학습자가 얼마나 의지를 갖고 학습을 해내느냐'에 달렸다. 그래서 학습자의 학습관리를 돕는 맞춤형 서비스도 늘고 있다. 대학이나 전문 교육기관에서는 각자에 맞는 LMSLearning Management System를 개발하거나 소싱하여 학습을 체계적으로 관리한다. 교육 콘텐츠만 제공하고 손을 놓아버리면 제대로 된 학습이 이루어지지 않고, 학습자의 만족도도 떨어질 수 있기 때문이다. 확실히 학습하게끔 관리까지 해내야 지속가능한 서비스로 살아남는 것이다. 이에 다양한 형태의 학습 관리·지원 서비스가 생겨나는 중이다.

요즘은 흔해진 인터넷 강의 플랫폼 전략인 '강의 몇 퍼센트 이상 수강 시 전액 환급' 같은 시스템도 교육의 결과물이 학습자에게 달렸기 때문에 생겨났다. 앞서 말한 '스터디파이'에서는 한발 더 나아가 강의 수강 시 단기적인 보상을 더 자주 함으로써 인터넷 강의 평균 수강률을 4퍼센트에서 50퍼센트 이상으로 비약적으로 높이기도 했다.

아예 개인의 목표 달성과 의지 자체를 관리해주는 서비스도 등장했다. '챌린저스'는 각자가 설정한 어떤 목표에 대한 인증샷을 올리면, 달성률에 따라 금전적인 보상을 해준다. 뿐만 아니라 같은 목표를 설정한 다른 사람과 비교하며 경쟁할 수도 있다. 그야말로 기업이 나서서 학습자의 의지와 실행까지 관리해주는 서비스를 내놓는 상황이다.

이제는 정말 알아서 학습해야만 살아남는 세상이 되었다. 언제 어디서나 무엇이든 배울 수 있게 되었고, '학습의 의지'가 지상 과제로 떠올랐다. 지치고 힘든 퇴근길에도 온라인 강의나 e북을 보면서 퇴근하는 직장인들을 흔히 볼 수 있다. 밤에도 새로운 기술과 전문성을 익히기 위해 알아서 공부해야 한다. 모든 것이 제공되고 있고 스스로 알아서 잘 해야 하는 그런 세상이다.

에듀테크의 발달이 낳은 새로운 문제

에듀테크가 발달하면서 어찌 보면 교육에서 고질적인 문제들의 많은 부분이 해결되고 있다. 교육 접근성도 높아지고, 교육 콘텐츠도 무수히 많고, 교육 방식도 학습자 중심으로 발전한다. 하지만 이전에 없던 새로운 문제들도 함께 등장했다.

1) 가르치는 사람을 신뢰하기 어렵다.

이전에 교육의 접근 장벽이 높았던 것은 달리 말하면 신뢰할 수 있는 전문가들이 교육을 했다는 뜻이다. 그에 비해 지금은 플랫폼 안에서 누구나 강사가 될 수 있다. 민간 기업인 플랫폼이 아무리 콘텐츠 수준을 관리하고 강사 후기 같은 것을 도입해도 신뢰도 문제는 쉽게 해결하기 어렵다. 게다가 지금의 교육 콘텐츠는 단편적인 것이 많고, 전문 교육을 받지 않고 심지어 난생 처음 가르치는 사람이 진행하는 경우도 적지 않다. 플랫폼들이 공격적으로 크리에이터를 섭외하고 강의를 늘려가는 마당에 교육의 내용과 방식을 어떻게 컨트롤할 수 있을지가 앞으로의 과제다.

2) 저급한 교육에 대해 책임을 제대로 묻기 어렵다.

그리고 어쨌거나 전문 집단이 교육을 담당하던 시절에는 교육의 질에 대한 책임이 해당 집단에 있었다. 교육이 엉망일 때는 그들에게 시정을 요구하고 책임을 물을 수 있었다. 하지만 지금은 저급하고 불건전하며 비인간적인 교육에 대해 누가 책임을 져야 하는가. 그것을 선별해내고 올바르게 수용하는 것은 결국 개인의 몫으로 돌아올 수밖에 없다.

3) 자기 관리에 미숙한 사람들이 교육에서 배제되기 쉽다.

이제 누가 무엇을 어떻게 가르치는지보다, 무엇을 어떻게 학습해낼 것인지가 중요한 시대다. 하지만 모든 인간이 알아서 학습하는 존재는 아니다. 왜 온라인 강의 완주율이 평균 4퍼센트이겠는가. 유능하고 성실한 사람들은 자기 자신을 잘 통제하며 스스로 학습하지만 그렇지 못한 사람이 훨씬 많기 때문이다.

그런데 갈수록 세상은 알아서 공부하게끔 변해간다. 지치고 피곤해서 공부할 에너지가 없는 직장인, 자기 관리가 아직 힘든 청소년 등등 수많은 사람들이 '자율학습'의 늪에 빠져 있다. 아무도 교육의 책임을 지지 않으며, 알아서 좋은 교육 콘텐츠를 찾아야 하고, 철저히 자기관리를 해서 평생 학습해야만 도태되지 않는 사회는 과연 인간답게 살기에 적합한 사회일까?

4) 정보 격차에 따른 교육 격차가 심화된다.

또한 온라인의 발달은 교육에서 멀어진 소외계층을 포용했지만 동시에 또 다른 소외계층을 낳았다. 무인 주문기 키오스크를 사용하지 못해 식당 이용을 두려워하는 노인들, 기차표 예매 애플리케이션을 쓸 줄 몰라 추석 기차에서 서서 가는 노인들이 대표적이다. 역사상 가장 급격하게 발전하고, 가장 빠른 고령화를 겪고 있는 대한민국에서 노인들의 정보 소외는 '어쩔 수 없는' 문제로 치부하기엔 너무 중요한 문제다. 노인들은 어디로 가야 온라인 세계를 배울 수 있는가? 배울 수 없는 노인들은 일상의 불편함을 감수하고, 기술로 대체되지 않은 단순 노동직으로 생계를 이어가며 남은 수십 년을 살아야 하는가?

언택트 시대, 학교는 필요 없을까?

수동적인 방식이 능동적인 방식으로 바뀌어가고 학습자의 주체성이 커지는 듯 보이지만 이런 변화가 과연 학습자에게 마냥 이로운 변화일까? 내가 일하는 IT 스타트업 업계에서는 신입사원 교육이나 직무교육이 사라지고 있다. 기업은 스스로 알아서 끊임없이 학습하는 인재를 뽑고자 하며, 그들이 학습할 수 있는 환경만 제공하는 게 추세다. 기업의 울타리에 속해 있지만 마치 구직 시장이라는 정글에 던져진 것처럼 알아서 성장하지 않으면 살아남기 힘들다. 성인들조차 뒤처지지 않기 위해 끊임없는 불안 속에서 학습하는데, 회사보다 더 경쟁적인 대한민국 교육 환경에서 이러한 변화가 아이들에게 과연 이로울까.

누구나, 어디서나, 무엇이든 배울 수 있는 디지털 교육 환경은 혁신적이다. 하지만 누군가는 교육의 책임을 져야 한다. 학습자가 겪는 가장 큰 문제는 자신이 무엇을 모르는지 모른다는 것이다. 그 문제를 전문가로서 해결해주는 것이 커리큘럼이나 방법론을 설계하는 교육자가 할 역할이다. 학습자가 스스로 학습하는 것도 좋지만 그 과정에서의 시행착오 비용을 줄여주기 위해 제대로 된 커리큘럼을 구성하고, 학습 콘텐츠에 맞는 방법론을 설계하는 교육자가 있어야만 한다. 하지만 지금의 디지털 트렌드는 학습자에게 모든 책임을 전가하는 방식으로 과도기를 겪고 있다. 앞으로는 점차 교육 콘텐츠를 제공하는 주체(플랫폼 등)가 교육의 책임을 지는 방향으로 발전할 거라고 추측해본다. 또한 그래야만 한다고 믿는다.

학교의 모습은 앞으로도 계속 달라질 것이다. 기술의 발전에 따른 교육·학습 형태의 변화는 우리에게도 다양한 변화를 요구하고 있다. 그 과정에서 교육의 책임이 '학습자'에게로 많은 부분 떠넘겨지고 있지만 '교육자'의 필요성은 여전히 존재한다. 급변하는 사회에서 무엇을 취하고 받아들여야 할지, 교육의 본질에 집중한다면 우리가 나아가야 할 길도 어렴풋이 보이지 않을까.

(vol.126, 2019. 11-12)

2부
시민성을 기르는 디지털 리터러시 교육

인공지능 시대, 부모와 교사의 역할

교육은 미래를 준비할 수 있는가

학교에 다닐 이유가 없다고 말하는 아이들을 종종 본다. 말은 하지 않지만 그렇게 생각하는 아이들은 훨씬 많을 것이다. 아이들이 묻는다. 인공지능 시대에 우리는 어떤 일을 해야 할까, 그 일을 하기 위해서 무엇을 준비해야 할까? 어른들의 답을 들을 수 없다. 의문만 쌓여간다.

교사들은 무력감을 호소한다. 따라가기조차 힘든 세상의 변화 속에 지금 가르치는 것이 어떤 의미가 있을지 의문이 든다. 디지

이재포 _ 디지털 교육 공동체를 지향하는 '협동조합 소요' 이사장.

털 기기에 얼굴을 묻고 게임과 소셜 미디어에 몰입하는 아이들을 이해하는 것은 더욱 힘들다. 그들과 같은 세상을 살아가고 있는 것인지 의심스럽다. 아이를 둔 부모들은 더욱 혼란스럽다. 교육 제도는 '백일지계百日之計'가 되었고, 그 틈새를 비집고 나오는 새로운 용어들은 암호처럼 난해하기만 하다. 플립 러닝[1], 비주얼 씽킹, 코딩교육, 디지털 리터러시…. 저 암호를 풀면 아이들의 미래가 보일까?

우리는 미래의 문제를 해결하기 위해 과거의 지식과 경험을 배운다. 그러나 미래는 과거와는 다른 세계로의 변화를 의미한다. 미래에 대한 긴장은 개혁을 통해 교육의 발전을 가져왔다. 미국의 교육자 카를 피시는 "우리는 학생들에게 지금 존재하지 않는 직업을 위해, 아직 일어나지 않아서 알지 못하는 문제를 해결할 발명되지 않은 기술을 준비시키고 있다"고 교육의 현실을 토로한다. 그의 고백은 더 이상 학교교육이 아이들의 미래를 준비해주지 못하고 있다는 뜻이다. 많은 이들이 교육의 위기를 이야기하는 것은 그 두려운 현실에 눈을 뜨기 시작했기 때문이다. 디지털로 인한 사회 변화는 미래를 예측하는 것도, 준비할 시간도 허락하지 않는다. 지금 우리가 직면해 있는 위기는 과거와는 전혀 다른 형태의 위기다.

---

1 학습자의 수준과 방식에 맞게 학습 정보나 방법 등을 제공하는 맞춤형 전자 학습법.

2016년 3월 9일, 구글의 인공지능 알파고가 세상을 깨웠다. 사람만이 할 수 있다던 바둑에서 인간의 피조물이 인간을 꺾은 것이다. 알지 못하는 사이에 미래는 현실로 다가왔다. 세계인의 절반이 네트워크로 연결되어 시간과 공간 그리고 언어를 뛰어넘어 매 순간 소통한다. 인공지능은 놀라운 능력으로 사회의 모든 것을 변화시키고 있다. 그 변화는 방향을 예측할 수 없고, 속도는 예상을 뛰어넘는다. 스마트뱅킹이 등장하면서 은행 점포와 창구 직원들이 사라지고, 스마트해진 공장에는 점점 사람의 역할이 줄고 있다. 법률사무소에는 인공지능 변호사가 채용되고, 암 환자는 인공지능의 진단과 치료법을 믿고 따른다. 인공지능이 그린 그림이 경매로 팔리고, 인공지능이 작곡한 음반이 판매된다. 이것이 지금 '학교 밖'의 현실이다.

앞으로는 일자리의 더욱 많은 부분이 인공지능과 자동화된 기계로 대체될 것이다. 그러나 인공지능에 의해 만들어질 새로운 일자리가 어떤 것이며, 어떤 능력을 필요로 할지는 지금으로선 알 수가 없다. 아이들이 미래에 어떤 일을 하게 될지, 그것을 위해 무엇을 준비해야 할지도 알려줄 수 없다. 미래 직업을 준비하기 위한 교육은 설 자리를 잃었다.

지식 측면으로 봐도 정보 과잉의 시대다. 인터넷은 인류가 수천 년 동안 쌓아온 것보다 더 많은 양의 정보를 며칠 만에 토해내고 그 소요 시간은 점점 짧아진다. 교과서는 그 많은 정보를 담아

낼 수 없다. 게다가 인터넷 정보의 30퍼센트가 음란물이고, 가짜 뉴스와 조작된 정보는 SNS를 통해 순식간에 공유된다. 인공지능이 만드는 가짜 정보를 사람이 판별하기란 어렵다. 검색은 참과 거짓을 구별하지 못한다. 옳고 그름은 더욱 알 수 없다. 이젠 지식이 아니라 그것을 구별해낼 수 있는 안목을 길러야 한다.

특히 사생활의 종말과 디지털 낙인은 인공지능이 만든 초연결 사회의 어두운 그림자이다. CCTV, 차량용 블랙박스, 스마트폰… 주변의 모든 사물이 네트워크에 연결되어 우리의 매 순간을 기록한다. 사건 사고마다 등장하는 은밀한 순간의 녹취와 영상은 평생 한 번의 실수도 허용하지 않는 디지털 현실의 한 단면이다. 작년, 미국의 유명 대학은 예비 입학생들이 채팅방에서 음란 메시지를 나눴다는 이유로 합격을 취소했다. 기업은 직원을 채용할 때 온라인 활동 역량을 평가하고, 인터넷 은행은 전자상거래 구매 내역과 소비 형태를 분석해 고객의 신용을 평가한다. 도덕과 윤리는 내면 가치에 머무르지 않고 생존의 조건이 되었다.

모든 것은 변한다. 변하지 않는 것은 모든 것이 변한다는 사실뿐이다. 문제는 그 속도다. 산업화는 지금도 진행형이다. 세상 사람의 절반이 인터넷을 사용하기까지는 50년이 걸렸다. 모바일은 30년, 스마트폰은 10년으로 충분했다. 학교가 변하는 데는 얼마나 걸릴까? 새로운 교육은 세상이 아주 빠른 속도로 바뀌고 있다는 사실을 받아들이는 데서부터 시작되어야 할 것이다.

교사와 부모 그리고 인공지능

미국 등 주요 선진국에서는 디지털 기술과 인공지능이 교실 안팎의 생태계를 바꾸고 있다. 전자 교과서가 도입되기 시작했고, 디지털 기기를 수업에서 활용하는 것이 일상화되었다. 적응형 학습2, 플립 러닝, 무크MOOC3 등 디지털 기술을 기반으로 한 새로운 형태의 교육이 확산되고 있다. 이제 교실과 가정에 등장하기 시작한 인공지능은 교육 수준을 더 높여줄 것이라는 기대와, 교사와 학부모의 역할을 새롭게 규정하는 과제를 동시에 던지고 있다.

영국의 컨설팅 그룹 딜로이트의 2016년 '디지털 교육 조사'에 따르면, 미국 교사의 75퍼센트가 10년 이내에 전자 교과서가 기존 교과서를 대체할 것으로 생각한다. 43퍼센트의 교사가 매일 수업시간에 인터넷과 디지털 기기를 활용하고 있고, 또 나머지 절반도 일주일에 한 번 이상 디지털 수업을 한다. 온라인 동영상 콘텐츠, 교육용 앱과 게임, 웹 사이트는 교과서의 내용을 보완해주고, 아이들의 지식과 경험을 넓혀준다. 교사들은 지식 전달자에서, 아이들의 참여를 이끌어내고 스스로 문제를 해결할 수 있

---

2 정보기술을 활용하여 학습을 극대화할 수 있도록 강의보다는 학생과의 상호작용에 시간을 더 할애하는 교수학습 방식.
3 미국에서 시작된 온라인 공개 강의. 시험, 토론, 수료증 등이 정규 수업처럼 이루어진다.

도록 돕는 조력자로 변하고 있다.

최근 교실에 등장한 인공지능은 아직 실험 수준이지만 수업 형태와 교사의 역할에 큰 변화를 가져올 가능성을 보여준다. 뉴질랜드 고등학교에서는 인공지능 '에이미'가 수학을 가르치고, 일본의 초등학교에는 AI 로봇 '뮤지오'가 이이들의 영어 학습을 돕는다. 미국 초등학교에서는 자폐아동 교육에 인공지능 로봇 '마일로'를 이용해 개개인의 학습 진도에 맞추고 상호작용을 하며 큰 성과를 거두고 있다. 교사는 지금 가장 많은 부분을 차지하는 교과 전달과 행정 업무의 부담을 인공지능에게 맡기고, 교육의 장기적 목표 수립과 아이들의 사회적·감성적 성장을 지원하는 일에 시간과 노력을 집중할 수 있을 것이다. 앞으로 교사에게 주어진 과제는 사람만이 할 수 있는 역할을 찾는 것이다.

가정에서는 인공지능이 가족 구성원으로 들어오는 변화를 겪고 있다. 아마존의 인공지능 스피커 '알렉사'는 출시한 지 불과 3년 만에 미국 가정의 10퍼센트에 보급되었다.[4] 알렉사는 아이들과 대화하고, 노래를 불러주고, 함께 게임을 하고, 학습을 돕는다. 인공지능은 아이들과 소통하고 학습에도 도움을 주지만, 정서 발달에 가장 중요한 부모와의 관계에 심각한 단절을 가져올 수 있

---

4 국내에서도 KT의 '기가지니', SK텔레콤의 '누구', 네이버의 '프렌즈' 등 가정용 인공지능 스피커가 활발하게 보급되고 있다.

다. 가정에 들어온 인공지능이 우리에게 던지는 메시지는 바쁜 일상으로 잃어가고 있는 가족 간의 연대를 회복하라는 것이다.

디지털 시대에도 부모의 전통적 역할인 '보호'는 여전히 중요하고, 더 강화되어야 할 것이다. 아이들은 어려서부터 온라인에서 유해 콘텐츠, 폭력, 사기 같은 범죄의 위험에 일상적으로 노출되어 있다. 최근 미국과 중국의 조사에 따르면 컴퓨터나 스마트폰을 처음 경험하는 나이가 3세까지 낮아졌다. 이런 디지털 세상에서 부모의 보호는 더욱 필요하다. 디지털 기기는 미래교육의 가장 기본적인 도구이면서, 수많은 콘텐츠와 수십 억의 사람이 연결된 하나의 세계이다. 올바른 사용법을 익히고 좋은 습관을 들이는 것은 꼭 필요하다.

복잡하고 빠른 변화 속에서 올바른 관계와 역할을 설정하는 것은 쉽지 않은 일이다. 분명한 것은 우리 모두가 처음 경험하는 디지털 현실 앞에 교사와 부모도 아이들과 같이 배우는 위치에 서게 되었다는 것이다. 그 의미는 어른들이 아이들의 학습 동반자로서, 열린 마음으로 변화를 받아들이고 새로운 것을 배우는 데 적극적인 삶의 모범을 보여주어야 한다는 것이다.

'아이들은 부모의 등을 보고 자란다'는 오랜 속담은 디지털 시대에도 변하지 않을 부모 세대의 역할을 말해준다. 이미 아이들 교육에 많은 힘을 쏟고 있는 한국의 부모들이 새로운 역할을 떠안는 것은 힘든 일이겠지만, 전환기를 살아가는 부모로서 감내해야 할 일이다. 다행스러운 것은 디지털 원주민인 아이들이 새로운 환경에 스스로 적응해가고 있다는 사실이다. 부모는 그것을 믿고, 새로운 배움의 과정에 아이들과 함께해야 할 것이다.

디지털 시대의 교육, 패러다임의 전환

과거의 교육은 힘을 잃었고, 미래교육이 온전한 모습을 드러내기에는 이른 때다. 우리의 고민은 전환기를 어떻게 보낼 것인가에 모아져야 한다. 그간 이루어졌던 새로운 교육에 대한 다양한 논의를 정리해보면 몇 가지 주요한 방향성을 찾을 수 있다.

- 디지털 리터러시: 디지털 기술이 자신의 삶과 사회에 미치는 영향을 이해하고, 다양한 디지털 기술과 도구를 자유롭게 활용할 수 있는 디지털 문해 능력은 미래교육의 출발점이 되어야 한다.
- 디지털 시민성: 일상화된 빠른 변화에 적응하고, 디지털 기술을 자유롭게 이용해 문제를 창의적으로 해결하고, 국경을 넘어서 소통과 협업을 주도하고, 높은 윤리의식을 가진 사람이 디지털 시대의 시민이다.
- 페다고지: 교육은 새로운 세대에게 예측할 수 없는 미래를 준비시키는 것이다. 그것은 '부모 세대와 닮게 하는 것'에서,

아이들이 가진 잠재력을 '스스로 실현할 수 있도록 돕는 것'으로 변화해야 한다는 것을 의미한다.

• **철학적 사고**: 철학은 아이들이 보다 복잡하고 상호 연결된 불확실한 세상에서 자유롭고도 책임 있는 행동을 할 수 있도록 힘을 실어주는 강력한 도구 중 하나이다. 인터넷 검색이 해결해주지 못하는 질문을 스스로 던지고 답을 찾을 수 있는 능력을 길러주어야 한다.

• **맞춤형 교육**: 아이들이 스스로 잠재력을 실현할 수 있게 돕는 것은 각각의 개성과 능력을 존중할 때 가능하다. 개개인의 능력과 진도를 고려한 맞춤형 교육은 디지털 기술과 인공지능이 교육에 준 기회이다.

• **네트워크**: 네트워크는 미래교육의 플랫폼이자 살아 있는 학교다. 인터넷에는 무한한 지식과 경험 그리고 사람들이 있다. 시공간을 넘어 다양한 사람들과 교류하고 협업하는 경험은 그 자체가 최고의 교육이다.

새로운 교육은 지금까지 교육의 대체가 아니라 확장을 의미한다. 학교교육에서 평생교육으로 시간을 확장하고, 일방적 지도에서 상호 배움으로 관계를 넓혀가야 한다. 분야, 분류를 넘어서고 삶을 아우르는 폭 넓은 생애교육이 되어야 한다. 교육이 학교의 울타리를 넘어서서 사회 속으로 들어가야 한다.

지금 무엇을 할 것인가

　미래교육을 이야기하기에 우리의 디지털 교육 현실은 아득하다. 2015년 OECD 조사 결과 한국은 정보통신기술을 활용한 교육 부문에서 최하위를 기록했다. 주요 국가들이 디지털 교육에 사회적 노력을 집중하고 있을 때, 정보기술 강국임을 자랑하는 한국의 교육은 '중독'과 '금지'만 외쳤다.

　기성세대가 4차 산업혁명의 장밋빛 미래를 그리고 있을 때, 미래세대들은 변변한 장비, 제대로 된 교육 프로그램 하나 없이 골방에서 게임과 소셜 미디어에 빠져 미래를 준비할 소중한 시간들을 흘려보내고 있다. 그 원인은 한국 인터넷의 잘못된 시작에서 찾을 수 있다. 포털 사이트와 게임회사로 출발한 한국의 인터넷은 편리와 재미 그리고 자본의 이익이 성장을 주도했다. 컴퓨터와 인터넷이 미래사회에 가져올 변화와 의미에는 주목하지 않았다. 부모들에게 디지털은 지나갈 유행으로 받아들여졌고, 아이들에겐 어른들 몰래 즐기는 취미생활 정도가 되었다.

　그러므로 미래교육을 위한 첫 걸음은 디지털 현실에 대한 새로운 인식과 각성에서 시작되어야 한다. 원하든 원하지 않든 디지털은 우리의 삶과 분리될 수 없으며, 그것이 가져올 변화에 슬기롭게 대응하지 못하면 미래도 없다는 사실을 인식해야 한다. 기성세대부터 디지털 사회를 이해하고, 필요한 기술을 익히고 올바르게 사용하는 것이 첫 번째 도전이다.

미국의 미래학자 앨빈 토플러는 "21세기의 문맹인은 읽고 쓰지 못하는 사람이 아니라, 배울 수 없고 배우지 않고 다시 배우지 않는 사람"이라고 했다. 교사와 학부모의 각성과 용기가 필요한 이유다. 아프리카에는 이런 속담이 있다. "나무를 심기에 가장 좋았던 시기는 10년 전이고, 두 번째로 좋은 때는 바로 지금이다." 미래교육을 시작할 수 있는 두 번째 기회가 지금 우리 곁을 지나가고 있다. 어쩌면 세 번째 기회는 다시 없을지도 모른다.

(vol.115, 2018. 1-2)

온라인 민주주의가 위협받고 있다

대통령의 글에 누구나 댓글을 다는 세상

"이란은 때가 무르익으면 우리에게 연락할 것이다. 하지만 그러는 동안 이란 경제는 무너지겠지. 이란 국민들에게는 참 안된 일이다."

2019년 5월 21일자 미국 대통령 도널드 트럼프의 트윗이다. 우리는 미국 대통령이 실시간 트위터 개인 계정에서 트윗으로 정치적 영향력을 발휘하는 시대에 살고 있다. 미국 대통령의 공적

조이스 박 _ 대학에서 교양 영어를 가르치며, 영어와 영문학, 영어교육법, 영미 문화를 주제로 강연하고 글을 쓴다. 『내가 사랑한 시옷들』 외 여러 책을 집필했다.

인 발언과 공적인 행위만 종이신문으로 접하던 시대에서 이러한 현상은 참으로 엄청난 변화이다. 아시아 작은 나라의 일개 국민인 나조차 미국 대통령과 '평등하게' 트위터 계정을 만들어 목소리를 낼 수 있는 시대에 살고 있다. 미국 대통령의 트윗을 거의 실시간으로 리트윗해서 거기에 "미국 대통령이 어떻게 이런 말을 하지?"라고 내 의견을 달아 게시할 수도 있다.

모두가 평등하게 계정을 만들 수 있다는 점(때로 나이 제한이 있긴 하지만), 인터넷에 접속하기만 하면 무수히 많은 정보를 취할 수 있다는 점에서 온라인 세상은 만인에게 정보에 접속하고 평등하게 목소리를 낼 수 있는 길을 열어주었다. 그런 면에서 온라인에서만큼은 '민주주의'가 실현되고 있다고도 볼 수 있다.

태어날 때부터 이런 환경에 노출된 디지털 원주민들이 온라인 민주주의에 어떻게 반응하고 있는지를 살펴려면, 디지털 원주민이라는 집단의 정체성을 다시 점검할 수밖에 없다. 미국의 교육학자이자 미래학자인 마크 프렌스키Marc Prensky는 디지털 원주민digital natives이라는 개념을 디지털 이주민digital immigrants에 대비되는 일종의 세대 개념으로 정립한 바 있다.

그에 따르면 디지털 이주민은 문자 세대에서 인터넷 시대로 이행한 이들을 말하고, 디지털 원주민은 인터넷 없는 세상을 경험해본 적 없는 세대를 가리킨다. 이 두 세대 간의 사고방식 치이에 주목하다 보면, 크게는 앞으로 인류 문명의 방향, 작게는 인간이 만들어내는 지적인 전통의 유형이 보인다. 유발 하라리의 표현을 빌리자면 '스토리텔링'이 어떻게 달라질지 가늠하는 하나의 지표를 얻을 수 있다.

하지만 민주주의라는 것은 (그것이 실체가 있든 하나의 신화로 인간을 이끌고 가든) 한 사회 내에서 횡적 혹은 공시적共時的으로 발현되어야 하는 개념이 아니던가. 이 시점에서 '온라인 접속 가능성'으로 세계를 둘러보면 디지털 원주민·이주민이라는 단어가 얼마나 서구사회 중심의 세대 개념인지 드러난다.

디지털 엘리트와 정보 격차

구글, 아마존, 마이크로소프트 같은 미국의 거대기업들은 현재 세계 여러 개발도상국에 인터넷 벌룬을 보급하는 데 주력하고 있다. 아프리카 케냐와 남미 오지까지 와이파이를 쏘아주는 벌룬을 띄운다는 구글의 룬 프로젝트Loon Project 기사는 손쉽게 찾아볼 수 있다. 인도네시아, 스리랑카 같은 아시아의 개발도상국들과 아프리카 사람들도 이제 와이파이를 통해 인터넷 세상으로 속속 들어와 있다. 인도네시아 오지나 아프리카 밀림에서도 스마트폰을 들고 있는 사람들을 볼 수 있다는 얘기가 농담이 아닌 시대에 우리는 살고 있다.

하지만, 개발도상국에 인터넷 벌룬이 설치된다는 이 소식에

숨은 여러 가지 함의를 생각하지 않을 수 없다. 그중 한 가지는 이 사람들은 데스크톱을 거치지 않고 스마트폰 인터넷으로 바로 직행한다는 사실이다. 이 사실에서 디지털 이주민이라는 개념이 근거를 잃는다. 종이 문서에서 데스크톱을 거쳐 스마트폰 세상으로 들어온 사람들의 수는 지구 인류에서 몇 퍼센트일까 하는 의문이 생겨나기 때문이다. 데스크톱 비용과 인터넷을 위해 광랜을 까는 인프라 비용, 컴퓨터에 문제가 생겼을 때 이를 해결하기 위한 비용 등등을 생각해보면 인터넷으로 이행해 들어왔건 태어날 때부터 인터넷 세상에 있었건 디지털 리터러시를 갖춘 사람들은 사실 '그 모든 물적자원을 갖춘 환경 혹은 사회에서 자란 이들'이라는 의미심장한 지적이 잇따르고 있다.

결국 디지털 원주민과 이주민이 아니라 디지털 엘리트digital elite와 그렇지 않은 사람들로 구분해야 하는 것 아니냐는 반박은 이들이 같은 시대에 사는 사람들이라는 점에서 분명 의미 있는 지적이다. 리케Ravi Rikhye, 쿡Sean Cook, 버지Zane L. Berge는 국제교수 기술 및 원격교육지에 집필한 논문에서 디지털 원주민이라 불리는 이들은 평균 7세에 처음 디지털을 경험하고, 집에 아이팟과 노트북, 컴퓨터, 휴대폰 등을 다 갖추고 있으며 가족이 컴퓨터 사용법을 가르쳐준 이들이라는 연구 통계로 이를 입증하고 있다.

사실 디지털 엘리트라는 용어가 더 적절하다고 보는 깃은 세대간 인터넷 접속 방법을 살펴보면 또 새로운 사실이 드러나기 때문이다. 데스크톱을 건너뛰고 무선 인터넷 세계에 곧바로 입문한 이들이 세대간 격차 또한 보이고 있다. 한국사회에서는 전화기로 스마트폰을 쓰게 된 60~70대 노년층과 데스크톱의 가족 내 점유권에서 밀리면서 스마트폰으로 인터넷에 입문한 청소년들이 이에 해당된다. 가까운 일본에서는 20대 신입사원이 키보드 자판을 칠 줄 모르더라는 일화가 들려오는 가운데, 한국 청년들은 그나마 PC방에서 게임을 하며 자란 덕분에 키보드를 다루지 못하는 일은 없다는 말이 위로처럼 떠돌기도 한다.

결국 물적 인프라를 통해 서서히 디지털 세계에 입문하는 과정을 거친 이들과 달리 스마트폰을 통해 급속히 디지털 리터러시를 갖추게 된 집단은, 공간적으로는 개발도상국 국민들이고, 시간적으로는 (한국에서는) 청소년과 노년층이라 할 수 있다. 문제는 스마트폰을 사용하는 노년층이 다루기 쉬운 문자채팅방을 통해 가짜뉴스를 대량으로 공유하고 유포하는 현상을 보인다는 것이다. SNS, 특히 카카오톡을 통해 유포·공유되는 가짜뉴스를 철석같이 믿는 노인층을 우려하는 기사는 2018년 6월 15일자 한국일보의 기사, "노년층, SNS 가짜뉴스 맹신… 정부·사회 향해 불신 폭발"이라는 제목 등에서 쉽게 찾아볼 수 있다. 한편 데스크톱을 건너뛴 10~20대들 또한 인터넷 정보 접근과 공유 방식에서 큰 차이를 보인다. 텍스트로 길게 자신의 생각을 적기보다, 전달하고 싶은 정보를 '복붙(복사해서 붙이기)'하고 흥미 있는 기사에 친구를 '태그'해서 부르며 확산시키는 특징을 보여주고 있다. 청소년들의 사회화가 가족이나 오프라인 또래 집단을 통해서가 아니라 유튜브와 게임, 트위터로 이루어지고 있다는 우려의 목소리가 커지고 있다.

노년층과 청소년층은 공통적으로 유튜브 같은 동영상 채널을 통해 많은 정보를 흡수하는데, 동영상은 용량의 한계상 정보의 질이 낮을 수밖에 없다. 유튜버의 현란한 말솜씨가 정보의 진위 여부나 논리를 압도한다. 트위터 역시 마찬가지여서 확인되지 않은 무수한 루머와 '~카더라' 통신이 끝도 없이 리트윗되며 확산된다. 게임은 여성 및 유색인종, 성적 소수자에 대한 혐오 표현과 멸칭으로 들끓는다. 이런 인터넷 채널을 통해 사회화를 거치는 10대, 20대들이 정보를 취사선택하고 정치적인 판단을 할 때에 어떤 모습을 보일지 상상하기 어렵지 않다.

문자 시대를 거쳐 데스크톱을 통해 인터넷 시대로 이행한 디지털 이주민은 디지털 원주민에 비해 뒤처지고 낡은 사고방식을 가지고 있다는 전제를 깔고 정의되었는데, 사실 디지털 리터러시를 갖추지 못한 디지털 이방인digital stranger보다는 훨씬 큰 권력을 가진 집단이라고 볼 수 있다.[1]

---

[1] 베인꿰 로′는 200/년 '디지털 원주민과 디지털 이주민 논쟁'이라는 논문에서 디지털 이방인의 개념을 별도로 규정하고 있다.

온라인 민주주의가 위협받고 있다

온라인 시대의 민주주의 문제는 바로 이 지점에 있다. 즉, 디지털 리터러시 수준이 같지 않다는 점, 일정 수준의 디지털 리터러시를 갖출 수 있는 완만한 입문을 가능케 하는 물적 인프라에서 평등하지 않다는 점, 이제 전 세계적으로 그리고 전 세대에 걸쳐 스마트폰을 통해 빠른 속도로 디지털 리터러시를 습득하게 될 이들의 리터러시 양상이 달라질 거라는 문제가 온라인 민주주의에 큰 변수로 부상하게 될 것이 분명하다.

영국 매체《가디언》은 '소셜 미디어가 민주주의에 위협이 되고 있다'[2] 라는 기사에서 2016년 이후 소셜 미디어가 정치에 끼치는 영향은 이제 돌이킬 수 없다면서, 한 국가의 첩보기관[3]이 소셜 미디어를 통해 다른 나라의 정치에 적극적으로 개입하는 일렉셔니어링electioneering 위험에 대해 경고하고 있다. 이런 기관들은 이미 각종 소셜 미디어를 통해 적극적으로 영향력을 발휘해 타국의 정치를 조작하고 있다. 2016년 미국 대선에서는 아프리카계 미국인들과 히스패닉들에게 "백인 정부를 믿지 말고 선거를 보이콧하라!"고 선동하면서 동시에 백인 극우 집단에는 역차별을 당하

---

2 "Social media is an existential threat to our idea of democracy", 2018년 12월 23일자.

3 러시아의 IRA(Internet Research Agency).

고 있다고 부추기는 방식으로 사회 분열을 조장했다.

만인이 정보에 접근하는 채널을 가지게 된 이 시대에 민주주의가 이렇게 위협 받는 것은, 반향실 효과**4**라 불리는 온라인 소셜 미디어의 쏠림 현상 때문이다. 페이스북과 트위터 등 소셜 미디어에서 들끓는 목소리는 여론인 것처럼 보이지만, 실제로는 편향된 끼리끼리 그룹 안의 의견이며, 그들만의 공동체 안에서 끓고, 그 한계에 갇혀 자체 강화되는 경향을 보인다.

이 때문에 오히려 만인이 저마다 목소리를 낼 수 있는 전무후무한 플랫폼에 모여서 사람들은 유례없는 '만인에 대한 만인의' 갈등 양상을 보이고 있다. 《포브스》는 "우리가 국민: 사이버와 민주주의"**5**라는 기사에서 이미 2016년 대선과 그 이후 미국 정치에 드러난 정치 혼돈의 원인을 이 반향실 효과라는 소셜 미디어 특성 때문으로 지목하고 있다.

유발 하라리의 『21세기를 위한 21가지 제언』에 따르면, 수백 년간 서구사회가 전 세계에 전파한 개념인 '민주주의'는 동물처럼 유전자에 의해 움직이지 않고 '자신들이 믿는 이야기의 힘'으로 발전해온 인류의 유산이므로 수호할 가치가 있다고 하겠다.

그렇다면, 디지털 원주민과 온라인 민주주의가 새롭게 드러내

---

4 메아리가 울리는 반향실처럼 자기 생각과 비슷한 주장만 듣고 싶어 하는 것을 뜻한다.
5 'We The People: Cyber And Democracy', 2019년 3월 13일자.

고 있는 문제는 다음과 같이 요약해볼 수 있다. 첫째는, 디지털 이 방인이라 불리는 디지털 약자들 문제에 어떻게 대처할 것인가? 둘째는, 디지털 물적 기반의 민주화가 이루어지면서 스마트폰을 통한 '급속한 디지털 리터러시 입문'이 횡적으로는 개발도상국 에서, 종적으로는 청소년과 노년층에서 일어나고 있는 바, 이들 을 디지털 리터러시에 어떻게 입문시켜야 하는가? 만인이 정보 에 접속해서 목소리를 낼 수 있는 평등한 시대이지만, 온라인 여론의 문제점이 여실히 드러나는 만큼 어떻게 민주주의 가치를 지킬 수 있겠는가?

미국의 심리학자 롤로 메이는 『자아를 잃어버린 현대인』에서 이렇게 말한다. 현대인들이 길을 잃는 이유는 '길을 몰라서' 혹은 '길이 없어서'가 아니라 '길이 너무 많아서', '어느 길로 갈지 몰라 서'라고. 이 말을 만인이 목소리를 내고 만인이 갈등하고 끼리끼리 몰려다니며 저마다 이 길, 저 길을 외치는 이 시대로 소환해본다. 수많은 정보를 분별하고 취사선택하는 능력이 디지털 리터러시 교육을 통해 절실하게 요구되는 때이다.

(vol.123, 2019. 5-6)

디지털 원어민 세대의 읽기

여전히 읽기에 집착하는 부모들

우연히 아파트 엘리베이터에 다섯 살쯤 되어 보이는 여자아이
와 그 부모가 함께 탔다. 아이가 우편함에서 꺼내온 전단지를 들
고는 읽는 척을 한다. 두 손으로 전단지를 쥐고 눈을 왼쪽에서 오
른쪽으로 굴리며 알 수 없는 소리를 웅얼거린다. 아이가 하는 짓
이 귀엽기도 했지만, 전공자의 오지랖을 참지 못한 나는 빙긋 웃
으며 말했다. "아이한테 프린트 콘셉트 print concept 1가 있네요." 순
간 부모의 눈빛이 반짝하더니, 갑자기 적극적인 태도로 "네? 우

조이스 바 _ 대학에시 교양 잉어를 가르치며, 영어와 영문학, 영어교육법, 영미 문
화를 주제로 강연하고 글을 쓴다. 『내가 사랑한 시옷들』 외 여러 책을 집필했다.

리 아이한테 뭐가 있다고요?" 하고 되물었다. 마침 자신들이 내려야 하는 층에 도착했는데도 문 열림 버튼을 누른 채 나를 간절하게 쳐다봤다. 아, 괜히 오지랖을 부렸구나 싶었지만 "이제 아이에게 읽기를 가르치셔도 되겠어요" 하고는 고개 숙여 인사했다. 닫히는 엘리베이터 문틈으로 자기 아이에게 특별한 구석이 있다는 말을 듣고 싶은 부모의 눈빛이 비집고 들어온다.

사실 너무도 당연한 말인데, 마치 '매직 워드'라도 들은 것 같은 부모의 반응에 당황하기도 했다. 아이는 읽어야 할 나이가 되어서, 읽기 전에 보이는 지극히 당연한 행동을 하고 있었고, 리딩 전공자(정확히는 리터러시 전공자)인 나는 무심코 '아, 책에서 읽었던 그 행동이네' 하며 반가운 마음에 오지랖을 떤 거였다.

저 아이도 부모도 그냥 하던 대로 하면 된다. 나이에 맞는 자연스럽고 당연한 읽기의 과정을 거치고 있으니까. 그러나 안타까운 지점은 다른 데 있다. 만 4~5세가 문자 읽기 교육을 시작하기에 가장 적기임에도 이게 당연하고 자연스러운 게 아닌 세태가 그렇다. 돌이 되기 전부터 방문교사가 찾아오고, 두 돌이나 세 돌이 되면 학습지를 풀며 문자 읽기를 배우는 것이 문화가 되다시피 하지 않았는가.

---

1 인쇄물에 적용되는 원리와 조직 등을 이해하는 능력. 글이 왼쪽에서 오른쪽으로 조직된다는 것이나 각 단어가 말로 표현되었다는 것을 이해하고, 책장을 넘기는 행위 등을 말한다.

십 몇 개월쯤 된 조카가 학습지 방문교사와 함께 공부하는 것을 지켜본 적이 있다. 교사가 아기를 앞에 앉혀두고 그림을 보여주며 외쳤다. "코알라가 나무에서 쿵! 떨어졌어요!" 하면서 "쿵!" 소리와 함께 바닥을 치면, 아기는 따라서 바닥을 치며 "쿵!" 한다. "코끼리는 코가 기~일쭉 해요"라며 코에 손을 대고 길게 늘이는 시늉을 하면 아기는 "기~일뚝"이라고 서툰 발음으로 따라하며 코에 손을 가져다 대는 시늉을 했다. 몇 번 반복하면서 아기는 코알라라는 말에는 "쿵!"이라고 반응했고, 코끼리라는 말에는 "기~일뚝"이라고 반응했다. 그러면 부모는 아기가 무언가를 배웠다며 좋아했다.

나는 그걸 보면서 의아했다. 머릿속엔 끔찍한 그림이 그려졌기 때문이다. 전국에서 그 학습지를 하는 아기들이 2만 명이라면 그 아기들은 "코알라가~"라는 말만 들으면 모두 공장에서 찍어낸 듯 똑같이 "쿵!" 하는 소리를 내며 반응할 것이다. 자못 무시무시하지 않은가? 한 가지 자극에 모두 동일한 단어 하나로 반응하는 2만 명의 아기들이라니. 코알라를 처음 본 아이가 자신만의 의성어나 의태어로 표현하게 두면 안 될까? 왜 '코알라=쿵!'으로 틀에 넣고 찍어내듯 언어를 통일시키고 그 언어에 따라오는 사고도 통일시켜야 하는가 싶었다. 그렇지 않아도 언어 중에서 특히 '음성언어'는 사람의 사고를 제한하는데 말이다.

정보를 받아들이는 유형은 사람마다 다르다

엘리베이터에서 그 아이를 보고 반가웠던 건, 아이는 읽기를 시작하기 전에 발달되어야 하는 사전 기술pre-reading skills 중 하나를 보여주고 있었기 때문이다. 이 기술을 습득했다는 것이 프린트 콘셉트를 통해 드러났으므로 이제 읽기를 가르쳐도 되겠다고 말한 것이다. 십 몇 개월 된 아기에게 일찍 한글을 가르치는 것이 왜 무리수인가 하면, 읽기 사전 기술이 완성되지 않은 아기들의 인지 능력에 읽기는 감당이 안 되는 일이기 때문이다. 아이가 마땅히 거쳐야 하는 인지 발달이 보이면 그때 읽기를 가르치는 것이 자연스럽고 당연한 일이다.

보통 아이들이 문자를 익히기 시작하기 좋은 나이는 만 4~5세이다. 빨라도 만 3세 반이라고 보면 된다. 아이가 흥미를 가지고 이것저것 물어보며 알아서 문자를 익히는 경우, 부모가 그냥 거들어주면 된다. 하지만 그렇지 않은 경우는 문자를 익히는 최적의 시기가 될 때까지 그냥 내버려두는 것이 좋다. 음성언어 능력은 선천적이지만 문자언어 능력은 후천적이라서, 읽기란 인간 집단에서 태어난 새로운 개체가 학습을 통해 익혀야 하는 기술이다. 문제는 그 개체들의 능력치가 다르고 강점이 제각각 다르다는 점이다. 세상을 인지하는 감각의 강도도 다르고, 인지 채널도 다르며, 그걸 소화해내는 두뇌의 능력도 다 다르다. 신체 발달의 속도가 다 다른 것은 말할 것도 없다.

나는 만 3세 반, 그러니까 한국 나이로 5세에 혼자서 한글을 깨치며 읽기 시작한 케이스다. 그러니까 '일반적'이라 규정되는 범주 중 가장 이른 시기에, 누군가 억지로 가르쳐서가 아니라 그냥 어느 순간부터 스스로 읽고 있었던 것이다. 인간은 자기만의 틀로 세상을 보기 마련이고, 그래서 다른 사람들도 자신과 같으리라고 착각하기 쉽다. 나 역시 다른 이들을 가르쳐보기 전까지, 그리고 아이를 낳아 길러보기 전까지 몰랐다.

사람들의 학습 유형이 모두 다르다는 것을. 학습 유형에는 크게 시각형, 청각형, 그리고 감각형(신체 활동형)이 있다.[2] 하워드 가드너Howard Gardner가 말한 다중지능 중 언어지능이 발달한 사람이 바로 읽기 및 쓰기형 학습자라고 할 수 있다. 세상을 인지하고 정보를 받아들이는 주된 채널이 문자언어인 사람들을 말하는데, 혼자 글을 터득한 나 역시 이 학습자 유형에 속했던 셈이다. 그런데 아이들을 가르쳐보고 내 아이를 키워보니 다른 인지 채널을 통해 세상을 파악하는 사람들이 있다는 것을 알게 되었다.

현행 교육 시스템은 언어수리지능이 뛰어난 학습자에게 유리한 시스템이다. 이 시스템 안에서는 다른 지능이 뛰어나거나 다른 인지 채널로 세상을 파악하는 이들은 불리할 수밖에 없다. 특

---

2 읽기 및 쓰기형 학습 유형을 별도로 분류하기도 한다.

히 초등학교 시기에는 더 그러하다. 성인이 될수록 지속적인 교육 효과로 읽기와 쓰기 유형의 학습에 익숙해져서 학습 유형 간 차이가 줄어들기는 하지만, 이러한 차이에 대한 고찰은 근본적인 질문을 던지게 한다. 다른 지능과 다른 인지 채널, 그래서 다른 강점을 가진 아이들의 발달은 방치해도 되는가? 이건 한 유형의 학습자들에게만 유리한 교육 시스템을 바꾸어야 하는 문제이지, 다른 유형의 학습자들이 모두 현행 교육시스템에 맞춰야 하는 건 아니지 싶다.

교육 시스템을 바꾸는 게 너무 비현실적이라고 생각한다면, 앞으로 학습이 어떻게 바뀔지를 생각해보면 된다. 사실 인터넷의 등장으로 인간의 정보 습득 채널은 이미 많이 바뀌었다. 태어나서부터 인터넷 세상을 경험해온 '디지털 원어민'들은 주로 스마트폰으로 서로 연결하며 정보를 습득한다. 이들은 종이책이나 문서로 정보를 습득하다가 인터넷으로 이행해온 '디지털 이민자' 세대와 달리 정보에 접근하는 방식 자체가 다르다.

이를 프레젠테이션으로 비유하면, 디지털 이민자들의 정보 접근 방식은 파워포인트PPT와 흡사하고, 디지털 원어민 세대의 방식은 프레지prezi와 비슷하다. 슬라이드가 한 번에 하나씩 일직선으로 움직이는 파워포인트는 논리적이고 질서정연하나 경직되어 있고 일방적이다. 그러나 프레지는 슬라이드가 방사형으로 배치되어 동시에 사방으로 확산되며, 정보가 직관적으로 전달되고,

'Ctrl C+V(복사해 붙여넣기)'를 통해 순식간에 확산된다.

문자 세대는 순차적, 직선적으로 사고하며 인식의 세계를 구축하는 데 반해, 영상 세대는 직관적, 방사형 사고를 하며 인식의 세계를 누빈다고 볼 수 있다. 이들의 사고방식은 문자언어의 직렬 논리 구조와 다르다. 정보를 깊이 탐구하고 파헤치고 인식을 벽돌집 쌓듯 쌓아올리는 것이 아니라, 손가락 끝으로 실시간 정보를 검색하고 사람들과 연결한다. 즉자적이고 직관적이지만 깊이 없는 정보를 누리는 핑거팁^{fingertip} 세대인 것이다.

한 걸음 더 나아가보자. 테크놀로지의 미래에 대해 이야기하는 사람들은 2035년이 되면 인간의 머리에 나노칩을 이식하게 될 거라고 말한다. 어떤 지식을 고통스럽게 외워 머릿속 장기 기억으로 밀어넣을 필요가 없어진다는 뜻이다. 이제 인간의 몫은 저장된 정보를 필요할 때 불러내어 이를 가공하고 연결하며 새로운 의미와 해석을 부여하고 창조하는 일이다. 이러한 정보 접근 방식은 아마도 우리의 존재를 바꿀 것이다.

구체적으로 어떻게 바뀔지는 확신할 수 없지만, 과거의 예를 보면 극적으로 바뀔 것은 확실하다. 인간이 음성언어에서 문자언어로 이행하면서, 그러니까 입으로 전해지던 정보를 문자로 적을 수 있게 되면서 인간의 두뇌도 바뀌었다. 음성언어로 정보를 전달하던 구전 시대 사람들의 기억력이 문자언어 시대 사람들의 기억력보다 훨씬 좋았다는 것은 놀라운 사실이 아니다. 스마트폰이 생기기 전 유선전화 시절에 우리가 전화번호를 몇 개씩 외우고 살았는지 떠올려보자. 십여 개는 기본이었고, 많게는 수십 개까지도 외우고 살지 않았던가. 그런데 지금은 저장된 번호를 누르기만 하면 되는 시대에 살다 보니 이따금 자기 전화번호도 헷갈리는 사람들이 있을 정도다. 이렇게 정보를 다루는 방식이 변하면 우리의 존재 양식도 변한다.

더 이상 무언가를 외워서 학습할 필요 없이 머릿속에 이식된 칩에서 불러내기만 하면 정보에 접속할 수 있게 된다는 것은 문자언어 읽기(더 나아가 외우기)를 통해 고통스럽게 정보에 접근할 필요가 없다는 것을 의미한다. 한 걸음 더 나아가, 머릿속에 칩뿐 아니라 통신장치까지 이식하게 되면 인간은 더 이상 입을 열어 음성언어로 말을 하지 않고 서로에게 생각을 쏠 수 있게 될 거라고 한다(스마트폰 단체 채팅방처럼 머릿속의 생각을 여러 사람과 동시에 공유한다고 상상하면 된다). 문자라는 언어 매개 없이도 개인이 쏜 생각이 서로 전달되고 얽히는 전무후무한 정보전달 및 의사소통의 장이 생겨나는 것이다.

문자 텍스트로 어우러지며 거대한 인터넷 밈Internet meme**3**들이 유기체처럼 뭉쳤다 흩어지는 현재의 SNS 공간에서 인간이 얼마

---

3 대개 모방의 형태로 인터넷을 통해 사람과 사람 사이에 전파되는 어떤 생각, 스타일, 행동 따위의 문화요소를 말한다.

나 비합리적이고 감정적으로 뭉치며 몰려다니는지를 볼 때, 이렇게 서로 생각을 쏘며 뭉치는 미래에는 하나의 거대한 인식 공동체가 되는 것 아닌가 문득 두려워지기도 한다. 종이 매체밖에 없었던 시절, 대중의 편견을 자양분으로 무고한 사람을 희생양으로 만들었던 드레퓌스 사건[4]이 SNS 시대에 일상적인 현상이 된 것은 즉자적이고 집단적인 의사소통 관계에서는 더 빠르고 빈번하게 이런 사건이 벌어질 수 있다는 뜻이기도 하다. 독립적인 개체만 보면 "너를 동화시키겠다We'll assimilate you!"라고 외치는 스타트렉의 집단 지성체 보그족이 영화 속에만 존재하는 게 아닐지도 모른다.

곧 다가올 디지털 원어민들의 세계

미래의 정보 접근 방식이 대략 이러하고 문자의 위상이 달라진다면, 우리가 왜 여전히 읽기에 주력해야 하는지 의문이 아닐 수 없다. 머릿속에 정보 저장 칩이 이식된 시대에 (직업이 학자가 아닌 이상) 문자를 읽을 줄 모른다고 사는 데 무리가 생기진 않을 것이다. 그럼에도 읽는 행위가 아주 중요하긴 하다. 읽지 못한다

---

4 19세기 후반 프랑스에서 반유대구의에 사로잡힌 사법부와 군부, 대중들이 유대인 장교 드레퓌스를 스파이로 낙인찍어 12년 동안 감금시켰다가 무죄로 풀려난 사건.

는 것은 한 사회의 시민으로서 그 기능을 제대로 수행할 수 없음을 뜻하기 때문이다. 도로표지판을 읽지 못하고, 투표용지를 읽지 못한다는 것은 시민으로서의 기능을 수행하지 못한다는 것을 의미하니까. 그러나 이 정도의 문자 읽기는 '기능적 문해력functional literacy'이고, 문해력 단계에서 가장 낮은 단계일 뿐이다. '실질 문해력content literacy'이 높아져야 시민의 수준과 사회의 수준도 높아진다.

그렇다고 모두가 문자언어 읽기에 주력해야 하는 건 아닐 것이다. 앞서 말한 것처럼 읽기에 주력할 수 있는 능력과 성향을 타고나는 이들은 따로 있기 때문이다. 문자언어를 많이 읽는 것이 문제가 아니다. 문자언어는 정보를 담는 하나의 매체일 뿐이니까. 머릿속에 나노칩이 이식되거나 혹은 그 이상의 기술이 발달한다 해도 정보를 다루는 매체가 중요한 것은 문자언어 읽기가 아니라, 언어로 구성해내는 서사narrative의 힘 때문이다.

서사를 쉬운 말로 하면, 바로 '스토리텔링'이다. 직선적으로 전개되는 문자언어의 이야기가 아니라, 방사형으로 전개되어 확산되는 이미저리imagery[5]를 입은 서사의 힘이라고 할까. 새로운 양식으로 변화하는 정보 접근 방식으로 미루어 볼 때 강조되어야 하는 것은 문자언어 읽기가 아니라 스토리텔링의 힘이다.

---

5 언어에 의해 마음속에 생성되는 이미지군.

디지털 원어민 세대가 스토리텔링의 힘을 갖추면, 정보를 이미지화해서 방사형 그물처럼 즉자적으로 퍼뜨리며 인간 정신의 외연을 확장해나갈 거라고 본다. 그래서 새로운 세대에게 중요한 것은 스토리텔링의 힘이지, 문자언어를 많이 억지로 읽게 하는 것이 아니다. 스토리텔링의 힘을 기르기 위해서는 스토리를 듣고 읽고 공감하는 능력만으로는 부족하다. 스토리를 스스로 만들어내는 힘을 가지면 타인의 스토리가 편견에 치우쳐 있어도 그에 휩쓸려 집단적으로 움직이지 않을 수 있다.

서사를 창작하는 능력이야말로 꿈꾸는 이들의 증거이고, 이것이야말로 인간이 할 수 있는 독특한 영역이 아닐까. 그러니 다양한 매체가 공존하는 시대에 문자언어 읽기에만 집착할 필요는 없을 것이다. 매체가 무엇이든 자신의 인지 채널과 학습 유형에 맞게 스토리를 즐기고 빚어내는 능력을 키우는 것이 다가오는 새로운 테크놀로지 시대에 새로운 존재 양식으로 인간이 거듭나는 길이 될 거라 믿는다.

(vol.111, 2017. 5-6)

아날로그와 디지털 교육의
접점을 찾아서

삼형제의 홈스쿨링

올해 열여섯 살이 된 큰아이부터 열 살 막내까지, 우리 아이들은 스마트폰이 없다. 디지털 미디어나 컴퓨터를 쓸 일이 있으면 부모와 함께하거나 최소한으로 이용하고 있다. 많은 사람들이 아빠가 IT 전문가이자 강사이니 다른 가정보다 더 전문적인 디지털 교육을 할 것이라 생각한다.

그러나 사실 우리 가정은 오히려 디지털 시대와는 역행하는

한기영 _ 삼형제를 홈스쿨링으로 키우는 아빠. 빅데이터 분석 및 인공지능 분야의 일을 하다 보니 앞으로 다가올 세상을 더 절감하게 되어 아이들 교육에 고민이 많다. 이 글은 2018년에 쓴 것을 손본 것이다.

교육을 하고 있다. 이른바 '고전교육'이 우리의 핵심적인 교육방침이다. 우리 아이들은 어려서부터 흔한 만화 동영상이나 교육용 CD 같은 시청각 매체는 거의 접하지 않았다. 대신 책을 많이 읽어주고, 모형이나 사진보다는 실물을 보여주는 교육을 해왔다. 처음부터 그렇게 했던 것은 아니다. 사실 큰아이를 키울 때는 여느 가정과 별반 다르지 않았다. 아이에게 책도 많이 읽어주었지만, 뇌 발달에 도움이 된다는 영유아용 교육 CD를 보여주기도 했고, 공공장소에서는 애니메이션을 보며주며 아이를 얌전하게 만들기도 했다.

그러던 중, 매년 열리는 홈스쿨 컨퍼런스에서 놀이미디어교육센터 권장희 소장의 강의를 듣게 되었다. 너무 어린 나이에 동영상을 많이 보면 전두엽이 손상될 수 있으며, 독서 능력은 후천적으로 학습된 인류의 자산이라 어려서부터 훈련하지 않으면 그 능력이 저절로 생기지는 않는다는 내용이었다. 지금이야 널리 알려져 있지만 당시에는 생소한 이야기였다. 동영상을 조기에 접하는 것이 아이의 뇌 발달을 저해하고 나아가 아이의 성격에 영향을 미칠 수 있다는 말에 일단 과감히 모든 시청각 매체를 끊었다. 그리고 아이에게 책을 더 열심히 읽어주었다.

다행히 큰아이는 기질적으로 잘 따라와줬고 어려움 없이 책에 재미를 붙였다. 엄마가 책을 읽어주거나 스스로 보는 시간을 세일 좋아했다. 그러나 둘째는 대여섯 살이 될 때까지 그림책에 매

료되지 않았고, 한글을 떼고 나서도 마찬가지였다. 만화책만 골라 읽으려 하며 도통 책에 취미를 붙이지 못했다.

그러던 중『하루 15분 책 읽어주기의 힘』을 읽은 아내가 세 아이를 틈나는 대로 앉혀놓고 책을 실감나게 읽어주기 시작했다. 남자아이들이라는 특성을 고려해서 정글북, 피터팬, 나니아 연대기처럼 주로 신나는 모험 이야기로 시작했다. 큰아이는 혼자 충분히 읽을 수 있는 나이인데도 엄마가 책 읽어주는 것을 좋아했다. 책을 별로 좋아하지 않던 둘째도 뒷이야기가 너무 궁금한 나머지, 기다리지 못하고 엄마한테서 책을 빼앗아 읽었다. 책이 주는 즐거움을 한번 맛보게 되자, 그동안 눈여겨보지 않던 책을 스스로 찾아 읽기 시작했다. 형들이 책을 좋아하다 보니, 막내도 여러 편으로 된 소설책을 잘 읽는다.

홈스쿨링하는 세 아이들의 학습에도 책을 적극 활용하고 있다. 책에서 읽은 내용을 바탕으로 아이들에게 단계별로 질문을 던지고 말로 표현해보고, 그것을 글로 정리하도록 돕는다. 그냥 글쓰기를 하면 한 줄 쓰는 것도 막막해 하는데, 자기가 발표하고 말해본 것은 훨씬 수월하게 써낸다. 처음에는 한두 줄 겨우 쓰더니 이제는 자기 생각을 제법 긴 글로 표현해낸다. 책의 내용을 그림으로 그리거나, 책에 묘사된 것들을 만들기도 하고, 레고로 영화를 제작해보기도 하며 책을 매개로 깊이 배우는 법을 몸으로 익혀가고 있다. 최근에는 아이들이 톨킨의 소설『호빗』과『반지의 제왕』에 푹욱 빠진 나머지, 두 책 사이의 이야기를 직접 소설로 쓰고 있다.

아빠와 함께하는 디지털 교육

아이들에게는 디지털 자료와 종이책을 효과적으로 사용할 적절한 시기가 있는 것 같다. 처음부터 디지털 미디어로 아이들의 흥미를 이끌었다면 아마 아이들은 책 읽는 재미를 느끼지 못했을 것이다. 책은 디지털 미디어보다 재미도 없고, 자극도 적으며, 머리를 써야 하는 도구이기 때문이다. 그러나 우리 아이들은 이른바 책 읽는 머리가 생겼기 때문에, 다른 미디어와 병행해도 쉽게 중독되지 않는 것 같다. 책이 교육의 주를 이루고 디지털 도구는 책을 통해 발견한 세상을 더 상세하게 보여주고, 새로운 분야를 열어주는 통로 역할을 하고 있다.

큰아이는 열세 살 때부터 클래식 음악에 푹욱 빠져 서양음악사 및 클래식과 관련된 책 열 몇 권을 몇 번이고 읽었다. 당시 아이가 더 다양하고 생생하게 음악을 접할 수 있는 방법을 고민하다가, 음악 다큐멘터리를 같이 보기 시작했다. 다큐멘터리에 소개된 곡의 연주 동영상을 찾아서 같이 들어보거나, 더 심화된 내용을 찾아보기 위해 도서관에 가기도 한다. 쇼팽을 유난히 좋아하는 아이는 관련 책을 도서관에서 있는 대로 빌려와 읽으며, 베

토벤의 피아노 소나타 '월광'과 '열정'도 제대로 구별 못하는 아빠에게 날마다 다양한 작곡가들의 삶과 곡을 해설해주곤 했다. 그러던 어느날 "아빠, 저 꿈이 생겼어요. 정말 훌륭한 지휘자가 되고 싶어요"라고 하는 것이 아닌가. 자신이 처음으로 열정을 갖게 된 분야에 대해 아빠에게 떨리는 마음으로 고백하는 것이 느껴졌다.

둘째는 열두 살 때 종이접기에 푸욱 빠졌다. 어딜 가나 색종이를 싸 들고 다니면서 틈만 나면 심지어 길을 걸으면서도 종이접기를 한다. 일반적인 종이접기 책으로는 한계가 있어서 고민하다가 유튜브 강좌를 발견하게 되었다. 정말 다양한 종이접기 강좌가 있는 것을 발견하곤 아이는 환호성을 질렀다. 나는 보기만 해도 눈이 핑핑 돌 정도로 복잡한 종이접기를 아이는 몇 시간이 걸려도 지치지 않고 끈기 있게 끝까지 접었다. 그러더니 언젠가부터 페가수스, 트리, 썰매, 황소, 용까지 척척 접어낸다.

종이접기를 좀더 깊이 다룬 다큐멘터리는 없을까 해서 같이 찾아보다가, 물리학자 로버트 랭이 설립한 오리가미(종이접기) 연구소를 소개하는 테드 동영상을 아이와 같이 보게 되었다. 이 연구소는 나사와 공동 연구를 통해 우주선의 부피 문제를 종이접기 원리로 해결해낸 연구소로도 유명하다. 발사 전 우주선을 종이접기의 원리로 접어서 부피를 최대한 줄였다가, 우주 공간에 도착하면 한 번에 펼쳐지도록 고안한 것이다. 또한 화성 탐사 로봇의

바퀴 역시 종이접기 원리를 이용하여 만들었다고 한다.

알고 보니 그 외에도 종이접기가 적용되는 분야는 무궁무진하다. 종이접기가 단순한 놀이 수준이 아닌, 로봇공학 및 항공우주, 의학 등 여러 분야와 연결(융합)되어 발전하고 있는 것이다. 우리나라에는 아직 종이접기 분야의 전문서적이 없어서, 이 강연을 듣고 동기부여가 된 둘째 아이는 이 연구소에서 출판된 원서를 사달라고 조르고 있다. 자기도 이 연구소에서 일하고 싶다면서 앞으로 영어와 수학, 물리 등을 열심히 공부하겠노라 눈을 빛낸다. 단순히 재미로 시작한 종이접기를 통해 '종이접기와 공학 간의 융합을 연구하는 과학자'의 꿈을 품게 된 데는 디지털 자료들의 힘이 크다.

일상생활에서도 디지털 기술이 활용되는 경우가 있다. 세 아이를 키우며 우스운 상황이 종종 벌어지는데, 아이들끼리 방귀를 뀌고 서로 안 뀌었다며 우기는 때가 많다. 나는 하도 어이가 없어서 "너희들 자꾸 그러면 아빠가 방귀 탐지기 만들 거야"라고 선언했다. 오픈 소스를 기반으로 한 개발도구 아두이노Arduino를 이용하면 쉽게 만들 수 있을 거라는 생각이 들었다.

"아빠, 그런 것도 만들 수 있어요?" 호기심 가득 찬 아이들의 시선을 한 몸에 받으며, 나는 아이들에게 질문을 던졌다. "방귀 탐지기를 만들려면 무엇이 필요할까?" 아이들이 저마다의 생각을 쏟아냈다. 내가 질문을 던지고 아이들이 답을 구하는 식으로,

방귀를 탐지하기 위한 공기오염도 측정 센서와 결과를 알려주는 장치가 필요하다는 것을 찾아냈다. 또한 아이들에게 동작 단계를 글로 적어보라고 해 알고리즘을 어렵지 않게 정리한 후 부품 목록을 함께 만들어 인터넷으로 주문했다.

아두이노를 활용한 교육의 장점은 다양하고 저렴한 센서들을 손쉽게 연결하고, 단순한 알고리즘을 코딩하면 누구나 발명품을 손쉽게 만들어낼 수 있다는 점이다. 그러므로 여기에서 가장 중요한 것은 기술보다 '아이디어'다. 어떤 센서를 연결하고, 알고리즘을 어떻게 코딩하느냐에 따라 무궁무진한 작품들이 나올 수 있다. 무선 조종 자동차, 손뼉을 치면 켜지는 램프, LED 주사위, 화분의 수분 측정기, 드론도 이런 식으로 함께 만들었다. 이 과정에서 응용되는 주요 원리 중 하나를 각자의 과제로 준비해 발표하기도 했다.

아두이노와 코딩의 기본기를 쌓기 위해 EBS 교재와 엔트리 사이트를 활용했다. 아이들은 스스로 동영상을 보면서 문제를 해결했고, 직접 코딩한 프로그램(주로 게임)을 보여주며 자랑했다. 기대한 결과가 나오지 않을 경우에는 아이들에게 질문을 던져서 문제의 원인을 스스로 찾아가도록 도와주었다. 이 과정에서 가장 중요하게 생각했던 건 아이들이 기술보다는 원리를 깨닫도록 하는 것이었다.

디지털 세상의 부모 되기

중학교는 2018년부터, 초등학교는 2019년부터 코딩교육이 교과과정에 포함되었다. 이 소식에 가장 먼저 발 빠르게 움직인 곳은 사교육 시장이었다. 그래서 월 2백만 원이 넘는 코딩 유치원과 참가비 8백만 원짜리 코딩 캠프가 생겨나기도 했다. 혹시라도 아이가 코딩 실력을 갖추면 미래에 직업을 갖는 데 도움이 될 것이라는 막연한 생각을 하고 있다면 얼른 접는 것이 좋다. 이미 인공지능이 코딩하는 분야의 연구가 활발히 이뤄지고 있고, 몇 년 내 코딩하는 인공지능이 상용화되어 인간의 코딩 실력을 앞지를 것이다.

'4차 산업혁명 시대 자녀양육'이라는 주제로 세미나를 했을 때, 중학생을 둔 부모가 찾아와 "우리 아이가 데이터 분석가가 되려면 지금부터 무엇을 준비해야 될까요?"라고 물었다. 나의 대답은 "모른다"였다. 지금 데이터를 분석하는 방식이 과연 5년 후에도 동일할까 생각해보면, 전혀 다른 방식으로 이루어질 가능성이 높고, 데이터 분석가라는 직업도 언제 없어질지 모르기 때문이다. 이러한 변화를 다루는 뉴스들과 사교육업계의 홍보는 초중고 자녀를 둔 부모들의 마음을 더욱 불안하게 하고, 잘못된 조기교육 열풍으로 몰아가고 있다.

기술의 발전은 지금보다 더 빨라질 것이고, 정보와 지식의 양도 더 급속히 증가할 것이라는 사실은 명확하다. 또한 100세 시대가 도래하면서 평생 한 가지 직업으로는 살아갈 수 없는 세상이 오고 있다. 대학에서 배운 전문지식은 첫 직장을 얻는 데만 필요하게 되었다. 아이들은 끊임없이 변화하는 세상에서 계속하여 새로운 지식을 습득하고 적응하면서 살아가게 될 것이다. 그래서 정보를 빠르게 습득하고, 다양한 정보를 연결(융합)하고, 창의적으로 해석해내는 능력이 필요하다. 불안해하며 특정 분야의 단편적 지식을 습득하려 애쓰기보다, 앞으로 어떤 기술이 나올지는 모르지만 스스로 생각할 줄 알고 배울 줄 아는 태도와 능력을 갖춰야 한다.

나는 문법, 논리, 수사, 이 세 가지 기본 능력이 준비된 상태에서 적극적으로 디지털 도구와 자료들을 활용하여 아이들이 자신의 꿈과 열정을 찾아가고 탐구하도록 돕고 있다. 아이들이 원하는 대로 충분히 몰입할 수 있는 시간을 줄 수 있다는 것은 홈스쿨링의 큰 장점이다. 디지털 자료든, 종이책이든, 고전문학이든, 현대문학이든 아이들에게 생각할 시간과 스스로 탐구할 기회를 준다면 도구와 방법은 중요하지 않다. 아직 갈 길이 멀지만, 변해가고 발전해가는 디지털 세상에서 지속적으로 아이들과 배움을 함께하는 부모가 되고자 한다.

(vol.115, 2018. 1-2)

아이들과 함께하는
부모들의 디지털 난장

배움이 이루어지는 곳

"진단 키트를 개발하면서 제가 얻은 최고의 교훈은 인터넷 세
상에 모든 게 있다는 사실입니다. 저명한 학자와 교수님들의 논
문을 인터넷으로 접했고, 모든 아이디어를 인터넷에서 얻었어요.
인터넷을 심심풀이로 이용하는 데서 벗어나 세상을 바꿀 수 있는
도구라고 생각해보세요."

잭 안드라카Jack Thomas Andraka는 15세 나이에 기존 기술을 획기적
으로 뛰어넘는 췌장암 진단 키트를 개발해, 인텔 국제과학기술경

이재포 _ 디지털 교육 공동체를 지향하는 '협동조합 소요' 이사장.

진대회ISEF에서 최우수상을 받은 청년으로, 지금은 스탠퍼드대학에서 전기공학과 인류학을 전공하고 있다.

우리가 안드라카의 경험에 주목해야 하는 것은 디지털 환경에서 달라진 배움을 보여주기 때문이다. 디지털과 네트워크는 학교와 바깥 세계의 경계를 허물고, 일상의 경험과 학습을 연계시킬 수 있는 쉽고 다양한 기회를 제공한다. 검색과 웹, 유튜브는 몇 년 전에는 상상할 수 없었던 방식으로 사실과 정보, 시각적 이미지와 사례로 아이들의 질문에 즉시 답을 준다. 또 디지털 기술은 아이들의 관심과 역량에 따른 개별화된 학습, 그리고 참여를 통한 경험의 공유와 확장을 가능하게 해준다. 이제 아이들은 더 이상 책과 교사에만 의존하지 않는다.

디지털 이주민의 부모 역할 되찾기

'아이는 어른에게 배운다'는 오랜 상식은 디지털 현실에서 더 이상 맞지 않아 보인다. 아이들과 달리 디지털 이주민인 대부분의 부모들에게 디지털 세상은 어렵고 두려운 것이다. 낯선 기기와 복잡한 프로그램을 앞에 두고 아이를 불러야 하는 일이 다반사다. 부모 노릇 하기 위해 마음먹고 디지털을 알려고 해도 무엇을 어디에서 배워야 할지 알려주는 사람이 없다.

성인들을 위한 디지털 교육이 많지 않은 현실을 인식해 교육 공동체 '협동조합 소요(이하 소요)'에서는 2017년부터 학부모, 교사, 전문가, 아이들 대상으로 다양한 소그룹 포럼을 운영하고 있다. 그중 학부모 포럼 '아이맘'은 평소 SNS로 소통하며 서울과 춘천에서 한 달에 한두 번 오프라인 모임을 갖고 있는데 부모들이 직접 기본 프로그램인 디지털 시민교육을 받고, 이후에는 각자의 관심과 사정에 따라 다르게 모임을 이어간다. 그간의 디지털 시민교육에서는 인공지능, 디지털 위험과 안전, 디지털 중독과 균형, 정보과잉 시대의 도전과 과제, 디지털 시민 윤리, 디지털 시대 부모의 역할 등을 교육했다. 새로운 배움에 도전하는 것은 아이들의 미래와 우리의 미래를 함께 만들어가는 일이다.

'아이맘'은 교육의 한 주체로서 학부모의 잃어버린 역할을 되찾기 위한 자기학습조직이다. 디지털과 인공지능이 가져온 변화와 그것이 우리 삶과 사회에 미치는 영향을 알고, 달라진 배움을 체험하여 아이들과 나누는 실천적인 모임을 지향한다. 아이맘에서 엄마는 디지털 세상을 먼저 체험하고, 아이들의 언어를 익힌다. 경험과 지식은 아이에게 전해지고, 아이들은 그런 부모의 변화에 긍정적인 영향을 받게 된다. 부모는 아이가 배우고 본받아야 할 어른으로 다시 제자리를 찾는다.

구성원들은 소요의 강좌에 참여했다가 혹은 활동하는 사람의 권유로 함께하게 되지만, 어떤 경우든 상당한 각오가 필요한 것 같다. 얼마 전에 만들어진 경남 진주 아이맘의 심혜윤 님은 이런 심정을 토로한다. "컴퓨터는 항상 공포의 대상이었다. 몰라서 더 모르는 체하고 싶었다. 하지만 마냥 모른 체할 수 없다는 것을 알기에 불안했다. 아이맘을 알게 되고 천천히 꾸준히 배우기로 결심하고 나서는, 새로운 세계를 알아가고 또 아이들에게 알려주는 과정을 즐기게 되었다."

모임은 같은 지역주민 혹은 독서모임 등 소규모 공동체를 중심으로 이루어진다. 학습의 효율성을 살리고 자녀들의 또래 집단 형성이 가능한 최소 수준인 열 명 내외로 구성된다. 활동은 소요 사이트와 SNS를 통한 일상 학습과 생각 나눔, 그리고 월 1~2회 정도의 오프 모임으로 운영되는데, 모임 환경과 구성원의 뜻에 따라 다양한 형태를 띠고 있다.

아이맘에서 학부모들은 컴퓨터와 인터넷의 기본 지식과 사용법을 익히고, 인공지능 같은 디지털 기술과 그것이 가져온 변화를 이해하고, 아이들 교육에 활용할 수 있는 방법을 찾는다. 필요한 자료를 인터넷에서 찾고, 구글 드라이브 같은 클라우드로 공유한다. 오프라인 모임은 인터넷이 연결되는 카페나 마을도서관에서 이루어진다. 각자 노트북이나 태블릿 PC를 가져오는데, 최근 학교에 도입되고 있는 크롬북을 활용하는 사람도 늘고 있다. 한 예로, 2년 차 모임은 실제로 이렇게 진행되었다.

• 주제 _ 가상현실과 증강현실

- 읽을 거리: "인천 야구장에 5G 비룡이 나타났다."
- 볼 거리(유튜브 영상): "5 Best Augmented Reality Tech 2018"

• **토론 _ 가상현실과 스토리텔링**

- 예술 매체로서의 가상현실 / 스토리텔링과 가상체험

• **아이와 함께**

- 구글 VR 글라스 조립과 유튜브 교육용 가상현실 영상 찾아보기

- 그림 색칠하기, 증강현실 앱 Quiver와 물리 교육 앱 BigBang
  AR 체험하기

• **문맹 탈출 _ 유튜브 필터 기능 사용법**

부모와 아이들이 함께하는 디지털 공간

이렇게 준비가 된 부모들은 '디지털 난장'에서 아이들과 함께 디지털을 만난다. 디지털 난장은 디지털 기기가 갖춰진 장소에서 부모와 아이들이 함께 기기 사용법을 배우고, 각자의 흥미를 배움으로 이어가는 공간이다. 제주 지역 아이들은 카페와 도서관이 함께 있는 공간에서 한 달에 한 번 그런 기회를 가진다. 부모와 함께하기도 하고 때로는 아이들만 참석하기도 한다. 두 시간 남짓 아이들은 특별한 프로그램 없이 다양한 활동을 한다. 디지털 툴을 이용해서 그림을 그리거나 음악을 즐기고, 코딩을 한다. 유튜브에서 좋은 콘텐츠를 찾아서 보고, 친구와 게임을 하기도 한

다. 멘토와 엄마는 아이들의 활동을 지켜보면서 이야기를 들어주고, 격려와 칭찬을 해준다.

디지털 난장은 온라인에서도 이루어진다. 화상회의 하는 법이나 예절을 배우기도 하고, 모임 친구들 혹은 다른 지역 친구들과 관심사를 나누거나 과제를 함께 하기도 한다. 아이들은 화상회의를 통해 멀리 떨어진 친구와 소통하며 협업하는 법을 배운다.

방학 때는 엄마들이 마련한 특별한 프로그램에서 만난다. 4~8회에 걸친 프로그램에서 컴퓨터와 태블릿 PC, 스마트폰을 분해해서 구조와 기능을 알아보고, 온라인 계정을 함께 만들고, 좋은 사이트와 앱 활용법을 익힌다. 코딩로봇과 스크래치로 디지털 언어를 익히고, 다른 나라 아이들의 사연을 접하면서 공감을 배운다. 그리고 그 모든 과정을 기록으로 남긴다. 이 시간을 통해 아이와 엄마는 같은 언어로 같은 세상을 보는 체험을 하게 된다.

엄마들의 디지털 난장은 외려 아이들이 기다리는 시간이 되었다. 디지털은 더 이상 엄마와의 싸움거리가 아니라 즐거운 만남의 기회가 된다. 개인의 오락도구를 넘어 함께 문제를 해결하고 학습하는 도구라는 것을 스스로 깨닫게 된다. 많은 부모들이 스마트폰과 게임에 아이들이 지나치게 몰입하는 것을 걱정하고 해결책을 묻지만, 대부분의 문제는 잘못된 첫 만남에서 시작된다. 아이들은 대개 카톡과 온라인 게임 애니팡을 하는 부모, 게임하는 친구를 통해 디지털을 접하게 된다. 디지털 기기는 오락의 도구로 각인되고, 올바르게 사용하는 법을 배울 기회가 없다 보니 상황은 더 나빠진다. 부모와 함께하는 시간은 디지털에 관한 아이들의 잘못된 인식을 바로잡아주고 긍정적인 활용으로 이끌어준다.

디지털을 모르던 엄마들이 아이들을 가르치는 것이 가능한지, 많은 사람들이 묻는다. 인터넷에 그 해답이 있다. 무엇을 알아야 하는지만 알면 네트워크에서 자료와 훌륭한 강좌는 쉽게 발견할 수 있다. 부모의 역할은 먼저 고민한 뒤 아이들에게 필요한 정보를 찾아갈 수 있는 방법을 알려주고, 아이들이 배움을 지속할 수 있도록 동기부여를 하는 것으로 충분하다.

디지털 난장 활동에서 아이들이 가장 좋아하는 것은 부모와 같은 언어로 이야기할 수 있다는 사실이다. 부모와 함께 이야기 나눌 거리가 있다는 것, 그리고 그 이야깃거리가 아이들의 현재이자 미래인 디지털이라는 사실만으로도 아이들은 행복해 한다. 아이들과 함께하면서 엄마들도 배우고 변화해간다. 디지털만 배우는 것이 아니라 디지털 세상에서 아이를 만나고 이해하는 법을 배운다. 지난 일 년 간 제주에서 디지털 난장을 함께한 교사이자 엄마인 송영숙 님은 그 의미를 이렇게 받아들인다.

"소요에서는 일단, 아이를 지켜본다. 몇 번에 걸쳐 아이를 그냥 관찰하듯 바라본다. 그리고는 아이에게 뭔가 툭 던져놓는다. 아이 그 자체를 그대로 봐주는 것 같다. 느리면 느린 대로, 서투르면

서툰 대로, 잘하면 잘하는 대로 칭찬하고 격려해준다. 사실, 아이 맘과 디지털 난장을 하면서 가장 많이 배우는 것이 이런 부분이다. 디지털, 인공지능 이런 것만이 중요한 것이 아니라, 아이를 인정하고 스스로 할 수 있는 능력을 키워주는 것, 그것이 앞으로 다가올 미래를 대비할 수 있는 교육이라는 것이다. 길이 멀지만, 서두르지 않고 천천히 나아가다 보면 길이 보일 거라는 희망이 생겼다."

인터넷에서 자신만의 배움을 찾은 아이

인터넷 학습을 통해 학교 공부만이 공부가 아니고, 모든 것은 연관되어 있다는 것을 알았다는 아이가 있다. 은나연은 영어와 국어를 좋아하고, 수학과 과학을 싫어하는 평범한 중1이었다. 인터넷은 포털 창에서 검색을 간혹 하는 것이 전부였다. 아이맘의 첫 구성원인 엄마의 영향과 권유로 디지털을 학습에 활용한 지 일 년, 지금은 수학과 과학을 좋아하고 조용하지만 주변의 주목을 받는 사람이 되었다. 그 여정을 따라가본다.

시작, 스토리부쓰 닷컴 storybooth.com

영어와 국어를 좋아하는 나연이는 스토리부쓰 사이트의 영상을 보고 내레이션을 한글로 번역하는 일을 시작했다. 청소년들의 고민을 2~3분 분량의 애니메이션으로 보여주는 스토리부쓰의 사연은 나연이의 흥미를 끌었다. 소아 당뇨에 걸린 10대 소녀, 시험에서 부정행위를 하고 후회하는 아이, 차도르를 쓰고 학교에 갔다가 인종차별을 받은 무슬림 소녀 등 다른 문화권의 또래 아이들의 경험에 공감한 것이다. 나연이는 짧은 내레이션을 듣고, 쓰고, 번역하는 과정에서 영어와 글쓰기를 점점 좋아하게 되었다. 번역기는 그 과정에 도움이 되었고, 인공지능 번역기 원리에 대해 찾아보고, 유튜브 활용법도 스스로 익혔다. 번역된 자막을 유튜브에 올리면서 자신의 노력이 다른 사람에게 도움이 되는 참여의 경험은 보람과 자신감을 키워주었다.

도전, 유튜브 학습채널 넘버필Numberphile과 미닛피직MinutePhysics 영어 영상에 익숙해지면서 어려워하던 수학과 과학에 도전하였다. 소요의 멘토는 유튜브에 있는 수학 학습 채널 넘버필과 물리 채널인 미닛피직을 권유했다. 두 채널은 세계적인 학자들이 수학과 물리에 관련된 다양한 주제를 애니메이션, 영상과 함께 재미있게 설명해주는 5분 남짓 분량의 콘텐츠를 모아둔 곳이다.

나연이는 그 영상 중에서 관심이 가거나 조회 수가 많은 것을 선택해서 모르는 단어를 익히고 이해한 내용을 요약하는 과제를 수행했다. 그 작업의 결과물을 클라우드 문서에 기록하고, 문서에 댓글을 남기는 방법으로 멘토와 소통했다. 외문이 생기면 멘토는 답을 찾는 방법과 질문을 확장해준다. 예를 들면 '골디락스

존Goldilocks Zone'이 무엇인지 물어보면 멘토는 온라인 백과사전 위키피디아를 알려주고, 그 개념이 천체물리학에서 어떤 의미가 있는지, 지구가 아닌 행성에도 생명체가 존재한다고 믿을 만한 근거가 무엇인지 다시 질문을 더해준다. 나연이는 원주율에 관한 영상으로 시삭해 물리학과 양자역학으로 관심사를 넓혀갔고, 그 과정에서 수학과 과학에 흥미를 갖게 되었다. 지금은 그 과목들을 영어만큼이나 좋아하고 잘한다.

꿈, 테드 ted.com

이제 나연이는 저명한 강연을 모아둔 테드 사이트에서 인공지능 관련 내용을 듣고 자신의 생각을 담은 글을 쓰고 있다. 제이넵 투팩치Zeynep Tufekci 박사의 '인공지능 시대에 더욱 중요해진 윤리'와 리 카이푸Lee Kai Fu 박사의 '인공지능은 인류를 구원할 수 있을까'가 나연이가 처음 선택한 영상이다. 나연이는 인공지능을 더 깊이 이해하기 위해 프로그래밍 언어 파이썬과 알고리즘을 함께 공부하고 있다. 또, 국제기구에서 세상에 공헌하는 일을 하고 싶다는 꿈을 이루기 위해 유튜브로 스페인어 공부를 시작했다.

나연이는 이 모든 과정을 주도적으로 해나갔다. 멘토와 부모는 큰 방향만 제시할 뿐, 학습할 거리를 정하고 필요한 자료를 찾는 일은 나연이 스스로 했다. 학습에 필요한 검색과 번역기, 그리고 웹 사이트와 유튜브 같은 디지털 툴과 웹사이트를 적극적으로 익히고 활용했다. 과정이 진행되는 동안 웹의 링크를 따라가듯 관심이 끊임없이 확장되었다. 나연이는 네트워크 학교에서 자신의 잠재력과 그것이 만들어낼 미래를 보았다.

디지털 세계로의 항해

간혹 학부모 강의를 할 때마다 빠지지 않는 질문이 있다. '아이가 디지털 툴을 배우게 하고 싶은데 어디로 보내면 되냐'는 것이다. 직접 배워서 가르치라는 대답에 대개는 황망한 표정으로 자리를 떠난다. 디지털에 대한 두려움, 그리고 교육은 전문가나 교육기관만 할 수 있다는 생각 때문일 것이다. 내가 그렇게 대답한 데는 이유가 있다. 디지털 기술을 알아야 하는 것은 아이들만이 아니다. 이미 그것이 사회의 지배적 양식이 된 현실에 기성세대도 적응해야 하기 때문이다. 또한 변화된 교육 환경과 달라진 배움의 방식을 이해하려면 직접 경험해보는 수밖에 없다.

디지털 환경에서는 아이들의 학습에서 부모의 역할이 커진다. '학교는 교육하고 가정은 양육한다'는 전통적인 역할 분담에서 학교와 가정이 함께 두 가지 역할을 중층적으로 수행해야 하는 쪽으로 바뀌고 있다. 디지털 관련한 아이들의 수행과제를 돕느라 힘들어 하는 엄마의 모습은 과도기적인 것이 아니라 앞으로 부모가 맡아야 할 새로운 역할을 예고하는 것이다. 소요가 그 시작을 학부모 학습조직으로 시작한 것은 미래교육에서는 가정이 더 많은 역할을 해야 하고, 변화는 그곳에서 시작되어야 한다는 믿음 때문이다.

소요의 디지털 교육은 학교의 경계를 넘어선 배움을 가정과 사회에서 이어가기 위한 바람직한 역할 모델을 찾고, 아이들의 새로운 학습 방식에 맞는 교육을 모색하기 위한 작은 실험이다. 소요는 디지털 교육의 방향성을 설정하는 데 '학교, 가정, 사회'라는 세 가지 환경을 중요하게 고려하고 있다.

우선 디지털과의 올바른 관계 설정이 중요하다. 부모들이 가장 우려하는 디지털 중독과 의존 문제는 부정적인 측면만 보고 금지와 통제만을 강조해온 결과이다. 디지털 기기를 만나기 전에 그것을 배움을 위한 도구로 인식하고 올바르게 사용하도록 교육받은 아이들은 스스로 균형 잡힌 생활을 하게 된다. 물론 그 교육은 스마트폰을 아이들 손에 쥐어주기 전에 해야 한다.

아이들은 디지털 환경에서 놀라운 학습능력을 보여준다. 어릴 때부터 많은 정보에 노출된 아이들은 부모 세대에 비해 지식과 기술을 받아들이는 데 빠르고 익숙하다. 그들은 매뉴얼 없이 직관적으로 사용법을 익히고, 창의적인 방식으로 활용한다. 두 아이에게 번역 앱의 기본 기능을 알려주었더니, 대화 모드를 이용해서 한 아이는 프랑스인, 다른 아이는 미국인이 되어 역할극을 하면서 노는 것을 보았다. 아이들이 배우는 방식도 달라지고 있다는 걸 느낀다.

아이들은 커리큘럼에 따른 단계별 학습보다는 과제 중심의 임의적 학습에 더 적극적이다. 혼자 프로그래밍 언어 파이썬을 배우고 있는 초등학교 3학년 아이가 있다. 코딩로봇이나 블록형 언어 같은 전 단계 교육도 없었고 영어와 수학 같은 기초 지식도 부족한데 프로그래밍 언어를 배우면서 영어를 익히고 온라인으로 수학의 함수를 공부하는 걸 보고 깜짝 놀랐다.

소요가 디지털 교육을 시작한 지 이제 5년, 성과를 말하기에는 너무 이르고, 일반화하기에는 사례가 턱없이 부족하다. 그럼에도 경험을 나누고자 하는 것은 새롭게 디지털 교육을 시작하려는 사람들에게 작은 시사점이라도 줄 수 있기를 바라기 때문이다.

디지털 전환의 파고가 거세다. 세상의 변화를 사람들의 인식과 교육 시스템이 따라가기 힘들다. 이런 상황은 앞으로도 지속될 것이다. 예측할 수 없는 미래를 준비하는 것은 해도海圖 없이 거친 바다를 항해하는 것과 같다. 교육은 가르치는 것이 아니라 함께 새로운 세계를 탐험하고 발견하는 것으로 바뀌어야 한다.

(vol.126, 2019. 11-12)

가짜뉴스 현상과 디지털 시민성

가짜뉴스가 뭐지?

'가짜뉴스'라는 표현은 더 이상 신조어가 아니다. 특히 최근 코로나19 국면에서 온갖 가짜뉴스 유포가 끊이지 않고 있다. 2018년 리얼미터 여론조사 결과 63.5퍼센트가 가짜뉴스 규제에 찬성한다고 응답했다. 언론 역시 적극적으로 가짜뉴스 규제의 필요성을 강조하고 있다. 그러나 규제라는 칼로는 가짜뉴스를 제대로 잡을 수 없고 오히려 역효과만 키울 가능성도 배제할 수 없다. 디

금준경 _ 《미디어오늘》에서 미디어 정책 분야를 취재하는 기자. 미디어 리터러시, 허위정보와 표현물 제도, 콘텐츠 혁신 이슈에 관심이 많다. 『유튜브 쫌 아는 10대』 『가짜뉴스, 처벌만으로 해결이 될까?』 등을 썼다.

지털 시민성에 주목해야 하는 이유가 여기에 있다.

생산적인 논의를 위한 첫 단추는 사안을 명료하게 정의하는 데 있다. 그러나 우리가 '가짜뉴스'라고 부르는 표현은 기준이 불분명하다. 건국대 미디어커뮤니케이션학과 황용석 교수는 '가짜뉴스'를 "언론의 외양적 진실스러움을 훔친 기만적 가짜 정보"라고 규정한다. 이는 원론적 개념이다. 이 정의를 찬찬히 뜯어보면 대중의 인식과는 거리가 멀다는 점을 알 수 있다. 학계에서 말하는 가짜뉴스는 '언론 보도가 아닌 것'을 전제한다. 그런데 사람들은 언론사의 보도도 가짜뉴스라고 생각한다. 한국언론진흥재단의 온라인 설문조사 결과 언론사 오보를 가짜뉴스라고 생각한다는 응답이 84.7퍼센트에 달했다. 어느 한쪽 의견만을 전달하는 편파적 뉴스를 가짜뉴스라고 생각한다는 응답도 79퍼센트를 기록했다(중복응답 가능).

그러나 언론사의 보도를 가짜뉴스로 규정하는 건 적절치 않다. 언론사의 보도와 가짜뉴스에는 '의도적인 조작' 여부에서 차이가 있기 때문이다. 기자가 취재 과정에서 사실을 잘못 이해하거나 잘못된 정보에 속는 경우는 있다. 때로는 언론의 '받아쓰기' 관행 탓에 오보를 낼 수도 있다. 종종 정치적인 목적성을 강하게 갖고 취재를 하다가 잘못된 정보를 전하는 일이 벌어지기도 한다. 그러나 이는 정보 자체를 조작해 버트리는 행위와는 다르다.

언론사의 잘못된 보도는 '가짜뉴스'라는 자극적인 표현을 쓰지 않더라도 '왜곡보도' '오보'와 같은 표현으로 충분히 대체할 수 있다. 기준이 불분명한 왜곡보도까지 가짜뉴스로 치부하면서 사람들은 자신의 정치적 성향과 상반되는 뉴스를 가짜뉴스라고 부르는 경향이 있다. 이렇게 되면서 오히려 논의가 산으로 가고 있다.

물론 언론사의 오보와 왜곡보도도 가짜뉴스 못지않게 사회적으로 큰 문제를 야기한다. 모든 뉴스는 현실을 그대로 보여주지 않는다. 관점을 담은 편집을 통해 현실을 임의로 재구성한다. 따라서 가짜뉴스 못지않게 모든 뉴스를 비판적으로 볼 필요가 있다. 하지만 이는 언론 보도를 가짜뉴스로 규정하는 것과는 다른 차원의 문제다. 이 같은 고민 끝에 유럽위원회EC는 정보의 성격에만 주목해 가짜뉴스를 허위정보라고 불러야 한다는 입장이다. 한국 정부는 유사한 개념으로 '허위조작정보'라는 표현을 쓰고 있다.

가짜뉴스는 왜 갑자기 문제가 됐을까

2016년 미국 대선을 전후하여 가짜뉴스는 전 세계적으로 사회 문제가 되었다. 그 배경으로는 우선 매체 환경의 변화를 들 수 있다. 인터넷의 등장으로 자유로운 정보 생산이 가능해졌고, 영상 제작과 유포의 진입 장벽도 크게 낮아져 누구나 미디어 생산자가 될 수 있는 시대가 열렸다. 문제는 이 과정에서 '게이트 키핑' 절차가 사라졌다는 데 있다. 언론은 뉴스를 싣기까지 훈련된 언론인들이 정보를 취재하고 검증하는 '게이트 키핑'이라는 과정을 거친다. '게이트 키핑'은 공개가 필요한 정보를 사전에 통제하는 문제도 있지만 잘못된 정보를 검증하는 역할도 한다.

물론 인터넷의 등장은 어제오늘 일이 아니다. 정보 유통을 통해 돈을 벌 수 있는 환경이 형성된 변화에도 주목해야 한다. 미국 대선 국면을 뒤흔들었던 가짜뉴스 생산자를 찾아보니 마케도니아의 청소년들이라는 사실이 드러난 일이 있다. 이들은 돈을 벌기 위해 100여 개의 가짜 언론사를 만들어 가짜뉴스를 생산했다. 유튜브에서 유독 가짜뉴스가 많이 등장하는 이유 역시 유튜브가 그 어떤 서비스보다 큰 수익이 보장되는 점이 영향을 미친 것으로 보인다. 물론 한국에서는 특정 정치적 성향을 가진 이들이 의도적으로 가짜뉴스나 편향된 정보를 퍼뜨리는 경우도 많지만, 이들 역시 경제적인 이익이 뒤따르기 때문에 이 같은 활동에 더 매진하는 경향이 있다.

인터넷 환경이 '필터버블'[1]을 초래하는 문제도 있다. 청소년들도 많이 이용하는 인터넷 커뮤니티는 정치적 성향에 따른 분화가 일어났다. 친민주당 성향을 보이는 루리웹, 극우 성향을 드러내

---

1 필터가 끼워진 채로 세상을 바라보면서 한쪽의 편향된 정보만 받아들이는 현상.

는 일간베스트저장소뿐 아니라 남초 커뮤니티와 여초 커뮤니티의 페미니즘을 둘러싼 갈등과 대립이 이어지고 있다. 여기에 페이스북, 유튜브와 같은 서비스가 개인 맞춤형 알고리즘으로 콘텐츠 추천을 하면서 필터버블이 심화되고 있다. 이 같은 환경에서 콘텐츠 창작자들이 구독자의 주목을 끌기 위해 점점 더 자극적인 정보를 유통하는 경향도 있다.

왜 규제하지 않는 걸까

가짜뉴스 문제가 심각해지면서 규제론이 강하게 나오고 있지만 정작 규제는 쉽지 않다. 우선 허위 여부를 판단하는 일이 생각보다 어렵다. 다이어트 콜라를 마시면 정말 다이어트에 도움이 될까? 탄수화물을 매우 적게 먹고 지방을 많이 섭취하는 '저탄고지' 다이어트는 정말 효과가 있을까? 언론이나 전문가마다 상반된 주장을 한다.

허위 여부를 누가 판단하는지도 따질 필요가 있다. 20대 국회에서 발의됐던 가짜뉴스 규제 법안들은 법원을 허위의 판단 주체로 보는 경우가 많다. 그러나 법원에서 특정한 주장이나 언론 보도를 두고 재판을 벌이는 경우는 있어도 진실과 허위를 무 자르듯 판단하는 경우는 드물다. 잇따른 '재심' 사건이 증명하는 것처럼 때로는 법원도 틀릴 가능성을 배제할 수 없다.

정부나 정부의 입김이 강하게 작용하는 방송통신심의위원회와 같은 심의기구를 가짜뉴스 판단의 주체로 보는 법안도 있다. 그러나 정부나 여당이 다수를 점하는 방통심의위가 관련 판단을 할 경우 사안 선별, 심의 과정 전반이 정치적으로 왜곡될 가능성이 크다.

누구에 대한 허위를 판단할지도 따질 필요가 있다. 한정된 인력으로 인터넷상에 무한대로 쏟아지는 수많은 정보의 진위를 일일이 확인하는 건 불가능하다. 결국 진위 여부 판단은 소수의 정보에 한해서 이뤄질 수밖에 없다. 가짜뉴스를 모니터링하는 공무원들은 가짜인지 아닌지 의심이 가는 정보를 어떻게 선별할까. 당사자의 반박이 분명히 드러난 사안부터 살펴볼 가능성이 높다. 이 경우 일반인에 대한 가짜뉴스는 배경정보 자체가 없기 때문에 진위에 의심을 갖기 힘들다. 반면 정치인이나 기업인, 연예인 등 유명한 사람들은 언론을 통해 즉각 입장을 내기 때문에 심의 대상으로 솎아내기가 쉽다. 이런 환경에서 가짜뉴스 규제가 평범한 사람들을 위해 쓰일 가능성은 낮다.

사실 한국에서도 법으로 가짜뉴스를 규제한 사례가 있다. 이명박 정부 때만 해도 전기통신기본법상 "공익을 해할 목적으로 전기통신설비에 의하여 공연히 허위의 통신을 한 자는 5년 이하의 징역 또는 5천만 원 이하의 벌금에 처한다"는 조항이 있었다. 실제 이 조항으로 인터넷 논객 미네르바가 구속됐다. 2010년 헌

법재판소가 이 조항을 위헌으로 결정하면서 해당 조항은 사라졌다. 당시 헌재는 다음과 같이 판단했다.

"허위의 통신 자체가 일반적으로 사회적 해악의 발생으로 연결되는 것은 아님에도 '공익을 해할 목적'과 같은 모호하고 주관적인 요건을 동원하여 이를 금지하고 처벌하는 국가의 일률적이고 후견적인 개입은 그 필요성에 의심이 있다. 어떤 표현이나 정보의 가치 유무, 해악성 유무가 국가에 의하여 일차적으로 재단되어서는 아니되며, 이는 시민사회의 자기교정 기능과 사상과 의견의 경쟁 메커니즘에 맡겨져야 한다."

가짜뉴스 감별과 디지털 시민성

오보와 왜곡보도로 인한 사회적 문제도 심각한데, 엎친 데 덮친 격으로 가짜뉴스가 등장했다. 그러나 규제는 오남용 가능성이 크다. 헌법재판소 결정문에서 강조한 것처럼 정보의 유해성은 국가가 아닌 시민사회의 자기교정 기능과 사상과 의견의 경쟁 메커니즘에 맡겨야 한다. 달리 말해 '시민'의 힘으로 극복하는 수밖에 없다.

디지털 시민성이 주목받는 것도 이 때문이다. 디지털 시민성은 디지털 공간에서 정보의 신뢰도를 분별하고 프라이버시, 저작권, 명예훼손, 잊힐 권리 등 권리와 책임을 인식하고 소통하는 역량을 말한다. 태어날 때부터 디지털 환경이 공기처럼 익숙한 디지털 원주민 세대에게 전통적인 시민성 못지않게 중요한 개념이라고 할 수 있다.

디지털 시민으로서 핵심 역량은 미디어 리터러시 능력과 직결된다. 미디어 리터러시는 미디어를 비판적이고 입체적으로 독해하는 능력을 말한다. 최근 미디어 리터러시 교육이 대중화되고 있다. 특히 어린이와 청소년의 경우 그 중요성이 더 크다. 가치관이 형성되기 전부터 디지털 공간을 통한 정보 습득이 일상화된 디지털 원주민 세대의 경우, 신뢰할 수 없는 정보의 양이 급격히 늘고 있는 환경에서 정보를 분별하는 능력이 기성세대에 비해 더 중요해졌다.

교육 당국 역시 이 중요성을 인식하고 있다. 지난해 교육부 정책연구 보고서에 따르면[2] "국내외 디지털 환경과 교육환경의 급격한 변화는 학교 미디어 리터러시 교육의 제도적 정립과 활성화를 요구하고 있다. 하지만, 국내 2015 교육과정에는 미디어 리터러시 교육에 관한 직접적 언급이 부재한 상황"이라며 "향후 개정될 교육과정의 총론에는 반드시 '미디어 리터러시(종합 해석) 역량'이 포함되어야 한다"고 결론을 냈다. 지난해 교육부가 학교 미디어 내실화 지원 계획을 발표했고 현재 방송통신위원회, 문화체

---

2 〈미디어 리터러시 교육과정 운영을 통한 시민역량 제고 방안 연구〉, 2019.

육관광부, 교육부 등 범정부 차원에서 미디어 교육 정책 방안이 논의되고 있는 상황이기도 하다.

가짜뉴스 문제에 대처하기 위한 미디어 리터러시 역량에 대한 논의가 활성화되는 건 의미 있지만 자칫 단순화되거나 취지가 왜곡될 우려도 있다. 우선 가짜뉴스 문제가 불거지면서 정보를 의심하고 불신하는 것이 곧 비판적 읽기인 것처럼 왜곡되는 경향이 있는데, '불신'과 '비판적 읽기'는 구분해야 한다. 미디어 리터러시의 핵심은 무조건적인 불신이 아니라 신뢰할 수 있는 정보와 신뢰하기 힘든 정보를 구분하는 데 있다. 일부 미디어 리터러시 교육은 가짜뉴스와 진짜 뉴스를 제시하고 퀴즈를 푸는 식으로 정답을 찾게 한다. 하지만 정보를 분별하는 과정은 명백한 정답과 오답을 구분하는 것이 아니라 확인과 검증, 추적과 분석을 통해 현실을 재구성하는 데 있다는 점도 상기해야 한다.

믿을 수 있는 정보를 가늠하기 위한 기준은 크게 세 가지다.

첫 번째 '출처 확인'이다. 가짜뉴스 가운데 다수는 출처가 제대로 명시되지 않는다. 출처가 명시돼 있는지, 그 출처가 믿을 만한 언론사 또는 정보원이 생산한 것인지 살펴야 한다. 정보 자체의 출처뿐 아니라 정보 안에 등장하는 주장에도 분명한 출처가 있어야 한다. 공신력 있는 기구나 전문가 집단이 제대로 된 논의를 통해 만든 정보인지 따질 필요가 있다. 기사의 핵심 주장이 익명에 의존하는 경우도 의심해야 한다. 제보자 보호를 위해 익명 사용이 불가피한 경우도 있지만 익명에 지나치게 의존하는 정보는 이후 허위로 드러나더라도 해당 정보 제공자가 책임지지 않는 문제가 있다. 2013년에 조선일보가 사형당했다고 보도한 북한의 모란봉악단 단장 현송월 씨가 수년 후 살아서 한국을 방문했던 것처럼 익명의 대북 소식통에 의존한 보도가 숱한 오보를 생산해온 것도 같은 맥락이다.

두 번째는 '이데올로기 살피기'다. 세상에 완벽한 객관성이란 없다. 모든 정보는 의도를 갖고 생산되며 나름의 '주관성'을 갖고 있다. 따라서 의도가 무엇인지, 이 정보로 인해 누가 이익을 보고 누가 피해를 보는지 따지는 과정이 필요하다. 특히 여성, 장애인, 성소수자, 이주민 등 약자를 향한 공격 의도가 분명한 정보나 정치적인 이익을 위한 것으로 보이는 정보는 보다 신중하게 판단해야 한다. 가짜뉴스는 혐오표현과 밀접한 관련이 있고 이는 한국도 예외가 아니다. 국내에서는 '조선족' '성소수자' '난민'과 관련한 가짜뉴스가 다수 쏟아지기도 했다.

세 번째는 '다양한 목소리 살피기'다. 미국의 퓨 리서치 센터Pew Research Center는 '우수 저널리즘 프로젝트'를 통해 '퀄리티 저널리즘 지수'를 개발했는데, 여기에는 '이해 당사자가 4명 이상 등장할 것' '단일한 관점이 아닌 복합적 관점이 담길 것' 등을 요건으로 하고 있다. 한마디로 여러 당사자가 등장하고, 복합적인 관점을 보여주는 기사가 '좋은 기사'라는 얘기다. 언론 보도에만 국한

된 얘기는 아니다. 모든 주장에는 반론이 있고, 모든 쟁점에는 양면성이 있다. 다양한 측면에서 사안을 바라보면 보다 입체적으로 현실을 재구성할 수 있다. 물론, 여기서 말하는 '다양한 목소리'는 타당한 주장과 그렇지 않은 주장을 병렬적으로 나열하는 기계적 중립과는 구분되는 개념이다. 기계적인 중립적 태도를 넘어 무수하게 쏟아지는 다양한 정보, 대립하는 주장 중에서 어느 쪽이 타당한지 살피는 것은 논쟁과 토론의 영역과 연결된다.

이 같은 역량을 기르는 좋은 수업 사례로 부산 주감초에서 실시했던 '빠진 목소리 찾기'를 들 수 있다. 교사가 프랑스 노란 조끼 시위[3]에 대한 기사를 학생들과 읽은 다음 '기사에 등장하는 목소리'를 각자 발표하게 했다. 학생들은 "마크롱의 이야기가 있습니다" "프랑스 정부 대변인의 목소리가 나와요" "전문가가 나옵니다"라고 답했다. 교사가 "그러면 어떤 목소리가 빠져 있어요?"라고 묻자 학생들은 인터넷 검색을 통해 빠진 목소리를 직접 찾아 채워 넣었다.

디지털 시민성을 위해 미디어 리터러시 역량 못지않게 중요한 건 '열린 태도'이다. 사회 현안에 대해 하나의 답만 고수하거나 정치적으로 자신이 추구하는 방향만이 옳다고 믿는 태도로는 한

---

3 프랑스 대통령 에마뉘엘 마크롱이 2018년 11월에 유류세 인상을 발표하면서 시작된 반대 시위. 시위대들이 집회를 할 때, 사고를 대비해 운전자가 차에 의무적으로 비치한 노란 조끼를 입고 나와 붙여진 명칭이다.

계가 있다. 예컨대 팩트체크 보도가 의미 있다고 하더라도 보수 유권자 A는 진보 진영의 잘못을 다룬 팩트체크만 공유하고, 진보 유권자 B는 보수 진영의 잘못을 다룬 팩트체크만 공유한다면 입맛에 맞는 뉴스만 받아들이고 그렇지 않은 뉴스를 가짜뉴스로 여기는 것과 크게 다르지 않다. 쉽지 않지만 '역지사지'라는 말처럼 상대의 입장에서 생각하면 상황이 다르게 인식된다. 내게 반갑지 않은 정보라 하더라도 믿을 수 있는 정보는 존재한다. '사이다'만을 추구해서는 디지털 시민성을 구현할 수 없다.

(vol.130, 2020. 7-8)

시민성을 기르는
미디어 리터러시 교육

우리가 놓치고 있는 것

미래는 저 멀리 있는 것 같지만, 상상한 것과는 약간 다른 형태로 항상 우리 삶 속에 스며들어 있다. 코로나 팬데믹은 우리가 이미 예전과는 다른 방식으로 살아가고 있고, 지극히 한국적인 방식으로 한국사회의 병폐를 그대로 끌어안은 채 '미래사회'로 이행해왔음을 보여주었다. 특히 디지털 미디어 그리고 아이들과 관련된 모든 상황은 그간 'IT 선진국'으로서 가졌던 자부심이 무색

박유신 _ 서울석관초등학교 교사. 전국미디어리터러시교사협회 부회장을 맡고 있다. 『인공지능 시대의 포스트휴먼 수업』(공저)을 썼다.

할 정도로 충격을 안겨주었다.

디지털 미디어와 학습의 경우 온라인 교육과정도, 교육과정을 운영할 만한 환경도, 교사와 학생의 역량도, 학습을 위한 스마트 기기 보급 상황도 매우 좋지 않은 수준이며, 지역이나 가정환경에 따라 디지털 격차 또한 상당하다는 사실이 드러났다. 또한 'N번방' 같은 다크웹[1] 사건들은 디지털 사회에서 어린이와 청소년들이 범죄의 피해자이면서 동시에 가해자이기도 하다는 사실을 보여주었다. 이것은 일찍이 우리가 경험하지 못한 새로운 범죄이기에 더욱 큰 충격으로 다가왔다. 우리는 디지털 세계에서 살아가는 아이들의 문화에 너무 무지하지 않았을까?

아이러니한 것은, 우리 사회가 디지털 세계와 교육에 대해 결코 무관심하지는 않았다는 사실이다. 게임 중독, 인터넷 중독, 책임 있는 인터넷 사용 등에 대해서는 적극적인 논의와 예방 교육 및 제한 조치 등이 이루어졌고 사회적으로도 광범위하게 동의를 얻어왔다. 예를 들어 실리콘 밸리에서는 아이에게 스마트폰을 주지 않는다는 이야기는 어린이들을 스마트폰에서 멀리하고 디지털 미디어 세계에서 차단하는 것이 바람직하다고 믿는 한국의 학부모들에게 중요한 근거가 되었다.

---

1 보안을 이유로 인터넷에 노출하지 않는 사이트. 특수한 경로로만 접근이 가능한 특성 때문에 마약이나 무기 거래, 불법 포르노 유포 등 범죄에도 이용되고 있다.

그러나 과연 디지털 미디어 사회로의 이행 시기인 지금, 이미 디지털 시민으로 살아가고 있는 아이들을 통제하고 차단하는 것이 교육 대책이 될 수 있을까? 디지털 특권층인 실리콘밸리의 교육 방법은 과연 일반 시민에게도 적용될 만한 보편적인 방법일까? 무엇보다 어린이와 청소년 그리고 우리 자신이 이미 디지털 시민이자 환경 그 자체라는 사실을 망각하고 있는 것은 아닐까.

어린이·청소년과 디지털 세계의 관계는 단지 '스마트폰을 많이 사용한다' 혹은 '어떤 콘텐츠를 많이 본다' 정도로 요약하기 어려운 복잡한 층위를 지닌다. 이 세계는 스마트 기기가 보급된 후 PC 기반과는 또 다른 양상으로 발전해왔다. 막연하게 디지털 미디어 세계를 상상하거나 단정짓기보다, 현재의 디지털 미디어 사회와 그 구성원들의 살아가는 방식을 관찰하고 분석할 필요가 있다. 이를 바탕으로 새롭게 미디어 리터러시 교육을 설계해야 하기 때문이다.

어린이에게 온·오프라인 구별은 의미가 없다

학교 현장에서는 2017~2018년 무렵부터 부쩍 아이들의 미디어 경험, 정확히는 유튜브 생활에 대해 관심을 갖거나 이야기를 나누는 일이 많아졌다. 예를 들어 '나의 장래희망' 발표에서 '크리에이터' 즉, 유튜버가 되고 싶다는 아이들이 부쩍 늘었고, 유명 유튜버 채널을 모방하여 자신의 채널을 만드는 것은 아이들 사이에 보편적인 현상이 되었다.

오늘날 아이들에게 선망의 대상이자 언어문화와 놀이문화의 중심은 개그맨이나 연예인이 아닌 유튜브 크리에이터다. 아이들은 유튜브 콘텐츠를 소비할 뿐 아니라 이를 바탕으로 놀이문화를 만들고, 유튜버의 커뮤니티 안에서 소통하고 있다. 이 현상을 주목해야 하는 중요한 이유는, 이미 어린이와 청소년의 사회화와 정체성 형성 과정에 오프라인, 특히 공식적인 교육공간이나 사회적 관계보다 온라인이 더 많은 영향을 미치고 있음을 인식할 필요가 있기 때문이다.

초등학생 유튜브 생활을 연구한 김아미는 아이들의 유튜브 경험담을 직접 귀 기울여 듣고 기록하고 분석해, 어린이들이 유튜브에서 무엇을 하는지, 무엇 때문에 유튜브에 그토록 몰입하는지, 우리는 그로부터 어떤 교육적 결론을 끌어내야 하는지 논의하고 있다.[2] '유튜브를 어떻게 인식하고 경험하는지'에 대한 어린이들의 답변은 어른들이 안다고 생각했지만 잘 몰랐던 그들의 유튜브 속 삶을 보여준다.

어린이들에게 유튜브는 단순한 콘텐츠가 아닌 삶의 공간으로, 그 안에는 다양한 문화적 코드와 인간관계와 소통이 존재한다.

---

2 김아미, 〈초등학생 유튜브 문화와 교육적 대응〉, 경기도교육연구원, 2018.

유튜브는 비공식적인 학습의 장이고, 그 콘텐츠와 크리에이터들은 초등학생 또래문화의 주요한 자원이다. 다시 말해, 오락과 학습의 콘텐츠가 모두 유튜브 안에 있다. 동시에 유튜브는 소통을 위한 커뮤니티 공간이기도 하다. 아이들의 삶에서 이미 온라인과 오프라인의 구별은 큰 의미가 없으며, 이들은 미디어 경험을 통해 학습하고, 시행착오를 거치면서 소통의 규칙과 정체성 드러내기, 미디어 경제를 이해해가고 있다.

예를 들어 한 5학년 여학생은 직접 유튜브를 운영하면서 자신의 정체성 공개가 악성댓글 및 구독자 수에 미친 영향에 대해 이야기한다. 자신의 유튜브에 어린이의 목소리가 드러나자 악성댓글을 다는 사람이 많아졌다는 것이다. 그때는 당황했지만 목소리 편집 기술을 익혀서 자신을 드러내지 않자 악성댓글이 줄고 구독자는 늘었다고 한다. 아이들은 광고 보기와 구독, '좋아요'를 통해 유튜버의 수입이 늘어난다는 사실도 잘 알고 있다. 그러나 이들이 유튜브의 수익구조나 경제적 메커니즘에 대해 충분히 이해하고 있는 것은 아니다.

위의 연구자에 따르면 기성세대는 어린이가 경험하는 미디어를 '후속적으로' 추적할 수밖에 없는 입장이다. '어떻게 유튜브의 부적절한 콘텐츠로부터 아이들을 보호할 것인가' '미디어 노출 시간은 어느 정도로 할 것인가' '스마트 기기를 아이에게 줄 것인가 말 것인가' 같은 문제에 대한 답을 구하는 것은 분명 의미가 있다. 하지만 이러한 논의들이 어린이의 삶과 목소리에 기초한 것이 아니라 기성세대의 관점과 목소리를 반영한 것이 아닌가 하는 반성적 성찰은 교육의 방향과 청사진을 결정짓는 데 매우 중요한 지적이라고 생각한다.

아이들의 삶에 대한 이해가 먼저다

중학생들의 미디어 문화를 연구하는 후속 연구[3]에는 나도 공동연구자로 참여할 수 있었다. 이 연구에서는 보다 심층적으로 중학생의 미디어 문화 전반(일상생활, 학습, 소통, 경제생활)에 대해 분석을 진행했는데, 이 연구를 하면서 듣게 된 중학생들의 경험담은 기성세대로서 그리고 교사이자 미디어 리터러시 교육 연구자로서 관점을 바꾸는 중요한 계기가 되었다. 디지털 시민으로서의 청소년들의 삶이 드러나자, 기존의 미디어 교육이 청소년들의 실제 미디어 생활에 대한 정확한 진단 위에 세워져 있지 않다는 것을 깨닫게 되었기 때문이다.

어른들은 흔히 '미디어 리터러시 교육은 곧 팩트체크 교육'이라고 인식하는데, 이는 뉴스를 대하는 기성세대의 인식이 반영된

---

3 김아미, 이혜정, 김아람, 박유신, 이지선, 〈중학생 미디어 문화와 미디어 리터러시 교육 방향 연구〉, 경기도교육연구원, 2018.

것이다. 그러나 요즘 중학생들은 뉴스를 거의 읽지도 보지도 않으며, 포털의 플랫폼이나 신문사 홈페이지를 찾지도 않는다. 중학생들은 정보를 얻기 위해 다양한 미디어를 적극적이고 능동적으로 활용하는데, 자신이 원하는 정보가 학습인지 실용적인 정보인지 뉴스인지에 따라 미디어 플랫폼을 선택적으로 활용한다. 연구에 참여한 D중학교 학생들은 그 과정에서 유해한 정보, 알지 않아도 될 것들, 광고 등에 노출된다는 점을 지적하기도 했다.

중학생들은 유튜브에서 자물쇠 따는 법을 배워 남의 사물함을 따고 다니기도 하고, 이상한 괴담을 주워듣고서 친구들에게 옮기다가 "너 그거 가짜뉴스인 거 아니?"라는 이야기를 듣기도 한다. 이런 다양한 경험담들은 중학생들이 가짜 정보에 속아 넘어가는 미숙한 사용자가 아니라 적극적으로 미디어를 경험하고 공유하며, 또한 스스로 미디어를 분석하고 판단할 줄 아는 사용자라는 사실을 보여준다. 또한 흔히 '중독'과 관련지어 이야기되는 온라인 게임도 단순한 놀이를 넘어 친교와 소통을 위한 미디어라는 사실이 드러난다.

아이들은 친교의 목적과 대상에 따라 게임 플랫폼과 대상을 다르게 선택하기도 한다. 또한 집단행동을 통해 사회적 여론을 환기할 줄도 안다. 즉 개인차는 있지만 그들은 미디어의 수동적 소비자가 아니라 스스로 자신의 평판을 관리하고, 필요에 따라 미디어를 선택하는 등 능동적으로 판단하고 움직이는 존재인 것이다. 요약하자면, 아이들은 적어도 어른들이 인식하고 있는 만큼은 미디어 세계에 대해 알고 있으며, 미디어 환경을 생산하고 구성하는 동시에 미디어를 메타적으로 비평하고 판단하며 조정해나가는 능동적인 미디어 사용자 그룹이다.

물론 그렇다고 청소년들이 미디어 리터러시 교육의 필요성을 느끼지 않는 것은 아니다. 청소년들은 디지털 세계 안에서 스스로를 보호해야 할 필요성을 느끼고 있으며, 미디어를 활용하는 실질적이고 구체적인 역량을 갖추기를 원한다. 예를 들어 영상 촬영이나 편집은 스마트 기기만 있으면 누구나 할 수 있지만, '어떻게 더 좋은 기획으로 혹은 멋진 썸네일로 구독자 수를 올리는 영상을 만들 수 있는지'는 잘 모른다. 이들은 게임중독, 해킹, 개인정보 유출, 사이버 폭력 같은 미디어의 위험성을 인지하고 있지만, 여기에 어떻게 대응해야 하고 그런 일이 일어나는 이유에 대해 지금처럼 직간접의 경험이 아니라 교육을 통해 제대로 알고 싶어 한다. 이는 청소년 자신이 누구보다도 그들의 삶의 문제를 해결할 수 있는 미디어 리터러시 교육을 원하고 있음을 보여준다.

20세기의 미디어 교육은 미디어 안에 내재된 권력에 주목하고, 미디어를 비판적으로 분석하고 판단하며 참여하는 것을 강조해왔다. 뉴스, TV 콘텐츠, 영화 등 전통적인 미디어를 대상으로 한 미디어 리터러시 교육은 여전히 유효하다. 그러나 그것이 전부가 될 수는 없다. 새로운 스마트 미디어 기반의 세계에서 청소년들은 미처 성인들이 인식하지 못하는 다양한 삶과 인간 관계, 경제 문제에 직면해 있기 때문이다. 여기에 우리는 어떤 교육적 대응을 해야 할까?

미디어 리터러시,
시민으로서 마땅히 갖추어야 할 역량

우리가 흔히 쓰는 말, 미디어 리터러시란 미디어가 전달하는 정보나 문화 콘텐츠에 적절히 접근하며, 이를 비판적으로 이해하고, 미디어를 활용해 의미 있는 정보와 문화를 생산하고 전달할 수 있는 능력 그리고 윤리적으로 책임 있게 미디어를 이용하는 태도를 말한다. '리터러시literacy'가 단순히 '문맹'의 반대말이 아니듯, 미디어 리터러시 역시 개인의 비판적 분석 능력이나 기술 능력을 넘어, 사회적 가치와 윤리, 권력 관계와 경제적 구조, 문화에 대한 이해를 바탕으로 미디어를 이해하고 창조하며 공유하는 역량을 포괄한다고 볼 수 있다. 즉 미디어 리터러시란 특정 지식이나 방법이 아니라, 그 시대의 미디어를 기반으로 잘 살아가는 시민의 역량으로 보아야 한다.

미디어 리터러시에 대한 오해 중 하나는, 이를 굉장히 세분화하여 한 부분에 대한 교육방법론으로 보는 제한적인 관점들이다.

예를 들어 '아이들을 미디어로부터 보호하기' '미디어 기술 익히기' '가짜뉴스 판별하기' '비판적으로 광고 읽기' 등 미디어 리터러시의 한 측면을 확대해서 바라보고, 단순한 한두 가지 활동으로 환원하는 경향이 있다. 또, 세상 모든 것을 '리터러시'로 환원해서 명명한 후 미디어 리터러시도 그중 하나로 축소하는 일종의 깃발 꽂기식 교육담론이나 운동도 있다. 미디어를 '신문, 방송, 광고' 등 20세기 미디어로 한정하고, 이것은 이미 지나갔고 새로운 '리터러시' 즉 인공지능이나 디지털 리터러시에 대한 교육이 '왔다'고 주장하기도 한다.

미디어 리터러시의 중요성은 사실상 20세기에 새로운 미디어가 부상하면서 부각되었고, 교수학습 방법론이나 개념도 20세기 미디어에 맞추어 세팅되었다. 하지만 앞으로 미디어가 더욱 진화한다 해도 우리의 삶이 기본적으로 미디어를 기반으로 조성되어 있으며, 모든 시민이 시민성을 기반으로 디지털 세계에 접근하면서 이를 분석하고 평가하는 역량이 있어야 한다는 것, 그리고 주체적으로 미디어를 제작하고 공유할 수 있어야 한다는 기본 개념은 변함이 없을 것이다.

디지털 리터러시의 경우, 초창기에는 새로운 디지털 도구와 기술을 다루는 역량에 집중했지만 현재는 디지털 시민성과 문화역량에 집중하고 있다. 캐나다의 미디어 리터러시 교육기관인 미디어 스마트MEDIA SMART는 디지털 리터러시를 "디지털 기술과 커뮤니케이션 도구로 적절하게 정보에 접근하고, 관리하고, 통합하고, 분석하고, 평가하며, 새로운 지식을 구성하고, 창조하고, 타인과 소통하는 일에 대한 관심과 태도, 능력"으로 보고 있다. 왜 디지털 시민성과 문화일까? 앞서 언급했듯, 오늘날의 디지털 사회는 미디어 독점자가 존재했던 20세기의 매스미디어 환경과 달리 미디어가 점점 더 우리 삶의 일부가 되어 각각의 개인이 미디어 환경 그 자체인 상황이기 때문이다.

미디어 리터러시와 디지털 리터러시의 관계에 대해 유네스코는 미디어 리터러시를 상위 개념으로 보며, 캐나다의 미디어 스마트는 '서로 핵심 내용을 교집합으로 공유하는' 개념으로 본다. 그러나 이는 디지털 미디어와 미디어를 바라보는 관점의 차이일 뿐, 실천적으로는 둘 다 '21세기 학습자 역량인 동시에 필수적인 시민 역량'으로 보고 있다는 사실이 중요하다. 이미 디지털 미디어는 우리의 삶 전반에 들어와 있으며, 우리 모두 디지털 세상에서 함께 살아가야 할 시민이기 때문이다. 이 자각은 아이들뿐 아니라 스스로를 교육의 대상으로 생각해본 적이 없는 어른, 그리고 이 사회의 엘리트 집단에게 더욱 중요하다.

정글이 된 디지털 세계에서 아이들을 보호하려면

반드시 기억해야 할 것은, 우리 스스로가 '디지털 시민'임을 인정하지 못하면 곧 디지털 세계를 정글로 방치하는 결과가 된다는 것이다. 우리는 이미 N번방이라는 디지털 시대의 새로운 범죄를 만났지만, 이것이 그동안 성인들이 디지털 미디어 문화에 뿌려놓은 놀이문화와 소통의 결과물이라는 것은 인정하지 못한다. 디지털 학습에 대한 판타지와 더불어, 디지털 학습은 학습이 아니라는 불신이 동시에 존재하지만, 온라인 수업이 디지털 미디어라는 새로운 플랫폼을 기반으로 처음부터 다시 설계되어야 한다는 의견은 찾아보기 어렵다.

무엇보다 심각한 문제는 우리가 디지털 시민임을 자각하지 못하는 동안 디지털 사회가 정글처럼 변하고, 아동과 청소년들의 권리는 방치되다시피 했다는 사실이다. 급속한 근대화를 이룬 한국사회가 미처 글로벌 시민성이나 인권 등의 가치를 온전히 내면화하지 못한 상태로 디지털 사회로 넘어오면서 디지털 세계의 정글화가 더 강화되기도 했다.

『아동의 탄생』 저자 필립 아리에스는 '아동'이라는 개념이 역사적 발명품이며, 근대화 과정에서 아이들은 공동체로부터 분리되어 가족과 학교의 통제 하에 들어가게 되었다고 말한다. 그러나 그 결과로 오늘날 아이들은 아동노동과 성적 착취, 기아로부터 보호받을 수 있게 되었고, 교육을 받을 수 있는 권리를 갖게 되었다는 사실 또한 부인할 수 없다.

오늘날 디지털 미디어는 사회로부터 분리되어 학교와 가정에

격리되었던 아이들을 다시 공동체와 연결하고 있으며, 디지털 공동체는 아동 권리가 생겨나기 이전 사회와 닮아 있다. 하지만 디지털 학습권에서부터 노동권, 차별당하지 않을 권리, 성적 대상화가 되지 않을 권리 등 아동권리협약에서 논의하고 있는 수많은 권리들이 디지털 속 아동의 삶에는 아직 적용되지 않고 있다. 우리는 오늘날 디지털 미디어 사회를 맞이하여 디지털 시민성에 대한 확고한 신념을 갖고 아동 인권을 되새기면서, 근대가 만들어 놓은 어린이와 청소년 관련 사회 시스템을 통제가 아닌 보호의 관점에서 다시 한번 견고히 할 필요가 있다.

'미디어 리터러시는 무엇이며, 어떻게 교육해야 하는가'에 답을 찾는 일은 단순한 성찰에서 시작할 필요가 있다. 우리 스스로가 디지털 시민임을 인식하고, 어린이와 청소년들이 살아가고 있는 디지털 미디어 사회의 일원임을 인정하는 것이다. 미디어 리터러시 교육은 무엇보다 학습자의 삶을 이해하는 교육이어야 하며, 디지털 시민성을 함양하는 교육이어야 한다. 그 방향은 어린이들이 디지털 세계에서 자신의 권리를 자각하고, 안전하고 즐겁게 생활하며, 보호 속에서 평등하게 학습할 권리를 누릴 수 있도록 역량을 기르는 교육이어야 한다.

가장 중요한 것은 미래사회에 미디어가 지금과는 또 다른 모습으로 빠르게 바뀔지라도 잊지 말고 '시민사회의 가치'를 지켜내는 일이다. 우리는 더 나은 세계를 만들기 위해 공동체의 일원으로서 책임감을 가지고 이 가치를 지지해야 한다. 다양한 문화와 정체성을 존중하고, 모든 구성원들의 권리를 보호하며, 평화를 지향하는 오프라인 세계에서의 주요 가치들이 디지털 미디어 세계에도 동일하게 적용되어야 하는 것이다.

(vol.132, 2020. 11-12)

단절의 시대, 만남과 소통을 위한 교육론

스스로 서서
현병호 씀 | 208쪽 | 13,000원
서로를 살리는 교육

코로나 팬데믹으로 인해 새삼 우리 모두가
연결되어 있는 존재임을 시시각각 깨닫고 있습니다.
서로가 서로의 환경인 초연결 시대에 교육이란
무엇이며, 어떤 역할을 해야 하는지 다시 묻습니다.
이 책은《민들레》발행인의 글 15편을 가려 뽑아
'상호작용'과 '맥락'을 씨줄과 날줄로 삼아
다시 엮은 것입니다. 교육의 관점에서
만남과 소통의 의미를 살피는
커뮤니케이션론이기도 합니다.

맥락을 살피는 것이 교육의 본질이다

어떤 학생이 실패했다고 교사가 판단할 때, 정작 실패한
사람은 학생이 아니라 학생을 그렇게 바라보는
교사일 가능성이 더 많다. 아이가 문제를 일으킬 때
교사는 아이들을 바꾸려 애쓰기보다 먼저
아이들을 바라보는 자신의 관점을 바꿀 필요가 있다.
교사의 관점이 바뀌면 아이를 둘러싼 맥락이
바뀔 가능성이 그만큼 높아지고,
맥락이 바뀌면 아이도 변하기 마련이다.

_본문 가운데

민들레

스스로 서서 서로를 살리는 교육으로 가는
길가에 핀 '민들레'를 만나보세요.

정기구독 신청

교육=학교교육이라는
통념을 깨고

삶이 곧 배움이 되는 새로운
교육문화를 만들어갑니다.
가르침과 배움의 경계를 허물고
함께 배우고 성장하고자 하는
이들이 손을 잡을 수 있게 돕습니다.
자기가 선 곳에서 교육을 바꾸어가는
부모와 교사, 학생들이
전국 70여 군데에서 활발히
독자모임을 이어가고 있습니다.

교사라는 울타리를
넘어

격월간 『민들레』는 '교사의 시선'에
머물러 있던 저에게 부모와 육아,
대안학교와 청년들의 문제까지
넘나들며 여러 사람들의 관점을
연결해주었습니다. 그리고
희망이라곤 찾을 수 없었던
'교육' 속에 생기를 불어넣으며
새로운 싹을 틔우는
사람들 소식을 전해주었습니다.
우리는 누군가에게 닿아야 살아갈 수
있습니다. 삶의 기척을 알아채고
서로에게 기대면서 말이지요. 저는
그 벗으로 『민들레』를 선택했습니다.

_ 전 초등학교 교사 양영희

구독 안내

낱권 11,000원
일 년 구독료 66,000원

10명 이상 함께 신청하시면
구독료를 10% 할인해 드립니다.

정기구독을 하시면 민들레에서 펴낸 책
구입 시 10% 할인해 드립니다.

민들레 02) 322-1603 | www.mindle.org
mindle1603@gmail.com